Las guerras del Opio

Una guía fascinante sobre la primera y segunda guerra del Opio y su impacto en la historia del Reino Unido y China

© Copyright 2021

Todos los derechos reservados. Ninguna parte de este libro puede ser reproducida de ninguna forma sin el permiso escrito del autor. Los revisores pueden citar breves pasajes en las reseñas.

Descargo de responsabilidad: Ninguna parte de esta publicación puede ser reproducida o transmitida de ninguna forma o por ningún medio, mecánico o electrónico, incluyendo fotocopias o grabaciones, o por ningún sistema de almacenamiento y recuperación de información, o transmitida por correo electrónico sin permiso escrito del editor.

Si bien se ha hecho todo lo posible por verificar la información proporcionada en esta publicación, ni el autor ni el editor asumen responsabilidad alguna por los errores, omisiones o interpretaciones contrarias al tema aquí tratado.

Este libro es solo para fines de entretenimiento. Las opiniones expresadas son únicamente las del autor y no deben tomarse como instrucciones u órdenes de expertos. El lector es responsable de sus propias acciones.

La adhesión a todas las leyes y regulaciones aplicables, incluyendo las leyes internacionales, federales, estatales y locales que rigen la concesión de licencias profesionales, las prácticas comerciales, la publicidad y todos los demás aspectos de la realización de negocios en los EE. UU., Canadá, Reino Unido o cualquier otra jurisdicción es responsabilidad exclusiva del comprador o del lector.

Ni el autor ni el editor asumen responsabilidad alguna en nombre del comprador o lector de estos materiales. Cualquier desaire percibido de cualquier individuo u organización es puramente involuntario.

Índice

INTRODUCCIÓN 1
CAPÍTULO 1 - PRELUDIO - LOS BÁRBAROS ROJOS 4
CAPÍTULO 2 - SIN TOLERANCIA 15
CAPÍTULO 3 - LOS PRIMEROS CONFLICTOS...26
CAPÍTULO 4 - BARCOS DE VAPOR Y CAÑONES 35
CAPÍTULO 5 - EL FIN DE LA PRIMERA GUERRA DEL OPIO 46
CAPÍTULO 6 - EL PERIODO DE ENTREGUERRAS...................................54
CAPÍTULO 7 - CONFLICTO EN EL HORIZONTE.....................................60
CAPÍTULO 8 - SE REANUDA EL CONFLICTO 72
CAPÍTULO 9 - EL AVANCE..82
CAPÍTULO 10 - EL INCENDIO DEL PALACIO Y LA DIPLOMACIA 94
CONCLUSIÓN..106
VEA MÁS LIBROS ESCRITOS POR CAPTIVATING HISTORY 109
REFERENCIAS...110

Introducción

La Gran Bretaña victoriana era el país más desarrollado tecnológica y económicamente del mundo en aquella época. Como tal, tenía el poder de proteger sus intereses. Con el descubrimiento de nuevas rutas comerciales en Oriente, y con la fundación de la Compañía de las Indias Orientales, Gran Bretaña se volvió adicta a los artículos lujosos y exóticos de China. La seda, la porcelana y el té tenían una gran demanda entre los ricos. Gran Bretaña era tan fuerte económicamente en aquella época que incluso las clases media y baja podían permitirse disfrutar de artículos de alta calidad importados de China, especialmente el té.

Gran Bretaña importaba todo lo que su sociedad deseaba, pero era costoso. El principal problema era que China solo aceptaba pagos en plata, lo que creaba un enorme desequilibrio en el comercio. Para no perder dinero con los productos importados, Gran Bretaña tenía que vender algo a China. Sin embargo, a este imperio oriental le gustaba presumir de ser autosuficiente. Los chinos no necesitaban importar nada, ya que su industria estaba lo suficientemente desarrollada como para suministrar a todo el país lo que necesitaba. Gran Bretaña tenía que conseguir algo que los chinos necesitaran, y en su desesperación, se decidió que Gran Bretaña vendiera opio.

Con las ricas plantaciones de amapola en las posesiones indias de Gran Bretaña, el opio era abundante. Estaba prohibido en Gran Bretaña, excepto cuando se diluía en vino tinto en cantidades muy pequeñas y era recetado por los médicos en forma de láudano. Como no podían vender la droga en su país, los comerciantes británicos de opio necesitaban un nuevo mercado. No había mejor terreno experimental que China, que acababa de abrirse al comercio exterior. Cuando los esfuerzos diplomáticos para introducir el opio en el mercado chino fracasaron, el Parlamento británico aprobó una alternativa: la guerra.

Hubo dos guerras, una de 1839 a 1842 y otra de 1856 a 1860. Se conocen colectivamente como las guerras del Opio. Los británicos, a los que se unieron los franceses y fueron apoyados por los estadounidenses y los rusos, se enfrentaron a la China imperial, gobernada por la dinastía Qing. Estos conflictos se han olvidado en gran medida en el mundo occidental, quizás por un sentimiento de vergüenza colectiva. Pero en China, las guerras del Opio siguen siendo símbolos de la humillación nacional a manos de las potencias occidentales.

Durante más de 4.000 años, China se creyó la cúspide de la civilización, considerando a las demás naciones como bárbaras que no eran dignas de la presencia imperial de su Hijo del Cielo, el emperador. Por ello, el sentimiento de superioridad de China frenaba a menudo su diplomacia. Como la nación estaba anclada en la tradición, estaba condenada a sufrir las inadecuadas decisiones políticas de su emperador y sus consejeros. La xenofobia llegó al extremo cuando se prohibió la entrada de extranjeros en el país. En lugar de abrirse a otras naciones y aprender de ellas, China decidió cerrar sus fronteras y no permitir que el mundo exterior contaminara su sagrada sociedad. Aunque la culpa moral de las guerras del Opio es de Gran Bretaña, la culpa ideológica es de China. Quizás con una diplomacia menos estricta, podría haber encontrado puntos en común con el mundo occidental y evitar los efectos devastadores tanto de la droga como de la guerra.

Aunque las guerras del Opio se libraron hace siglo y medio, a los lectores modernos los acontecimientos pueden parecerles bastante contemporáneos. Representan una narración que describe perfectamente el colonialismo, que se define por la codicia, el poder, la corrupción, el racismo y la locura colectiva de una nación. Las guerras del Opio son un recordatorio para el futuro, ya que describen perfectamente lo que ocurre cuando dos mundos diferentes chocan. Los acontecimientos de este libro solo pueden servir para enseñarnos la humildad, el desinterés y la compasión. En el centro de las guerras del Opio está el comercio internacional de las drogas, contra el que seguimos luchando aún hoy en día.

Capítulo 1 - Preludio - Los bárbaros rojos

George Macartney, 1er conde Macartney
(https://en.wikipedia.org/wiki/George_Macartney,_1st_Earl_Macartney#/media/File:
George_Macartney,_1st_Earl_Macartney_by_Lemuel_Francis_Abbott.jpg)

La primera guerra del Opio comenzó en 1839, pero los primeros disparos se produjeron mucho antes. El acuerdo comercial con la China imperial supuso la apertura de un enorme mercado para un determinado país. La costumbre era, por respeto, que todas las delegaciones debían inclinarse ante el emperador chino. Sin embargo, la delegación británica se negó a realizar este acto tradicional, conocido como "kowtow" en el dialecto mandarín. El principal diplomático de la delegación británica era lord George Macartney, una persona que consiguió salir de la pobreza de Irlanda y entrar en el Servicio Exterior. Se forjó una reputación y fue conocido como un diplomático que conseguía hacer las cosas. Sin embargo, China era un reto para él.

China era culturalmente diferente a la Europa del siglo XIX. Sigue siendo única incluso hoy en día, aunque las diferencias entre estas naciones modernas son mucho menores. Macartney llegó a China en 1793 con el encargo de abrir una embajada británica en la capital. Desde allí, debía continuar su misión diplomática y persuadir al emperador chino para que permitiera a los barcos británicos atracar en Cantón y establecer el comercio. Para acelerar el proceso, Macartney se permitió prometer el fin de las importaciones de opio procedentes de la India británica. En la China imperial, el opio ya estaba prohibido, pero era imposible impedir que entrara en el imperio. Más imposible aún era controlar a la gente que lo disfrutaba.

Las relaciones anteriores entre China y Gran Bretaña no eran nada buenas, y la actitud de los chinos hacia el recién llegado embajador británico era de resentimiento. El equipaje de Macartney fue arrojado a la basura a su llegada, y tuvo que viajar a la capital en una barcaza con un cartel expuesto que decía: "Homenaje de los bárbaros rojos". El humillante viaje hacia Pekín fue observado por los chinos como un tributo, y la etiqueta de los pueblos europeos como "bárbaros rojos" venía de tiempos anteriores. China se sentía superior al resto del mundo. Se llamaban a sí mismos el "Reino Medio" o la "Civilización Central", y no se referían a la posición geográfica de China. Creían realmente que eran el centro en torno al cual se levantaba toda la humanidad.

El emperador chino se consideraba que no era de este mundo. Su título oficial era el de Hijo del Cielo y Señor de los Diez Mil Años. No era un simple mortal que recibía embajadores. Los únicos que podían acercarse al emperador eran los portadores de tributos. A los ojos del gobierno chino, lord Macartney no era un embajador o un diplomático. Llevaba el tributo de los británicos, y solo como portador del tributo podía ponerse delante del emperador. Según la tradición china, los extranjeros no podían negociar nada con el emperador. Todos eran sus súbditos y, como tales, venían a presentar sus respetos. Esto significaba que el rey Jorge III (1760-1820) era visto como un vasallo del emperador Qianlong (1735-1796).

Fue este desacuerdo de visión del mundo el que destinó la misión de Macartney al fracaso, no su desobediencia en el ritual de kowtow, como muchos siguen creyendo. El emperador Qianlong aceptó un compromiso y permitió que Macartney se inclinara como si lo hiciera ante su propio rey. Más tarde, el emperador chino envió una carta al rey británico en la que explicaba detalladamente por qué China no necesitaba el acuerdo comercial ni la embajada británica. El emperador Qianlong explicaba que gobernaba un imperio tan vasto que podía proporcionar a su pueblo todo lo que necesitaba, por lo que la importación de bienes no era necesaria. Sin embargo, el tono de la carta era como si el emperador Qianlong hubiera escrito a su subordinado; incluso instaba al rey británico a obedecerle.

Aunque la misión de Macartney fracasó y nunca logró un acuerdo comercial con el emperador chino, los diplomáticos británicos volvieron con información importante sobre las defensas chinas. Entre las personas que acompañaban a Macartney había artistas, cuya tarea era dibujar lo que veían en las exóticas ciudades y campos. Llevaron a casa los dibujos de varias fortificaciones y de las defensas de las ciudades, lo que permitió a Gran Bretaña conocer los puntos fuertes y débiles de China. Así, Gran Bretaña utilizó esta misión para aprender sobre China, que podía ser su potencial enemigo o aliado.

Aliarse con China era esencial para entablar relaciones comerciales con el lejano país. Como vasto imperio, China representaba un enorme mercado potencial para la importación y exportación de mercancías. El primer comercio entre los europeos y los chinos se produjo en el siglo XVI, cuando los portugueses enviaron su misión comercial. Pronto les siguieron otros países europeos, y entre ellos se encontraba la Compañía británica de las Indias Orientales, que tenía una carta real para llevar a cabo el comercio en el Lejano Oriente. En aquella época, Europa era el líder de la vida industrial, especialmente Gran Bretaña, que logró el monopolio de la producción industrial debido al bajo coste de las materias primas importadas de las Indias Orientales, donde la Compañía tenía su base. Debido a este monopolio, el nivel de vida en Gran Bretaña creció exponencialmente. Con él, aumentó la demanda de productos exóticos y de lujo procedentes del Lejano Oriente. La gente deseaba la seda, la porcelana y el té chinos, que se convirtieron en los bienes importados más importantes, de los que dependía la economía británica.

Sin embargo, el comercio con China estaba desequilibrado. En lugar de diversos productos británicos, China solo quería plata. Los comerciantes británicos consiguieron convencer al gobierno chino para que permitiera la importación de algunas materias primas, como el calicó, el hierro y el estaño. Como China presumía de su autosuficiencia, no querían nada europeo. El resultado fue un déficit comercial en Europa. Aunque los británicos tenían acceso a fuentes de plata a través de sus colonias en América, no había suficiente plata para mantenerla en circulación en Europa y pagar a China por sus mercancías. Solo Gran Bretaña pagó más de veintiséis millones de libras por productos chinos entre 1710 y 1759, pero solo vendió esos productos por nueve millones de libras. Para mantener la solidez de la economía, los europeos tuvieron que persuadir al emperador chino para que permitiera la importación de bienes distintos de la plata.

Pero el comercio con los chinos no estaba limitado solo por su falta de voluntad para importar bienes extranjeros. China quería limitar la influencia extranjera, por lo que solo permitía el comercio exterior a través de una ciudad portuaria: Guangzhou (Cantón). La situación geográfica de la ciudad era ideal para la entrega de mercancías, ya que se encontraba en el delta del río Perla. Sin embargo, esto suponía un cuello de botella para todo el comercio, y los comerciantes europeos se sentían frustrados por el tiempo que tardaban los funcionarios chinos en procesar sus mercancías. Intentaron persuadir al emperador para que les permitiera acceder a otros puertos, pero fue en vano.

El emperador Qianlong fue aún más lejos para limitar la influencia extranjera en China. Los europeos solo podían comerciar a través de trece fábricas oficiales, todas ellas situadas en Cantón. Tenían que tratar con los comerciantes especiales chinos, que eran los responsables directos de todos los comerciantes extranjeros y sus mercancías. Además, a los extranjeros no se les permitía aprender el idioma chino ni llevar a sus mujeres a China. También se les prohibía casarse con las locales o viajar al interior sin un permiso especial del propio emperador. El conjunto de leyes que se referían a la política exterior y al comercio se conocía como las "Ordenanzas de Prevención de la Barbarie", y fueron establecidas por el emperador Qianlong de la dinastía Qing, quien explicó que China era saludable y que no tenía necesidad de productos extranjeros de calidad inferior. También declaró que, aunque China se abriera al comercio exterior en el futuro, no se permitiría la entrada de extranjeros en la nación.

Entrar en el mercado chino era casi imposible. Así que, para mantener el ritmo de la economía, Gran Bretaña tenía que encontrar algo que China quisiera más que la plata. La respuesta era bastante simple. Para obtener más de los chinos, los comerciantes europeos tenían que eludir la red comercial oficial y participar en el lucrativo mercado negro del comercio de opio. Importar opio a China era ilegal, pero el emperador no tenía suficiente poder para combatirlo. El opio aportaba suficientes beneficios para que los funcionarios comerciales chinos locales guardaran silencio al respecto y lo enviaran a través de los canales clandestinos del mercado negro.

El opio no era nuevo en China. Lo trajeron por primera vez los mercaderes árabes de la Edad Media que lo cultivaban en Asia Menor. Pero el opio se utilizaba entonces como medicina, ya que es un potente analgésico. La disentería era la enfermedad más común en la Edad Media, y el opio era a menudo el remedio prescrito porque tenía el beneficioso efecto secundario de provocar estreñimiento. En el siglo XVII, el comercio de opio continuó a través de mercaderes holandeses y franceses, y fue retomado por los británicos en el siglo XVIII. Los europeos tenían vastas plantaciones de opio en sus colonias indias. Utilizaron gran parte de la tierra cultivable de la India para producir mucho opio, pero no suficiente comida. Esto, a su vez, provocó que la hambruna hiciera estragos en el subcontinente indio. Pero el beneficio de la venta de opio era suficiente para mantener la maquinaria en marcha.

Al principio, la Compañía británica de las Indias Orientales trató de impedir que sus funcionarios se dedicaran al comercio ilegal de opio en China porque interfería con sus negocios legales. Sin embargo, debido a las estrictas leyes chinas en materia de política exterior, la realidad financiera hizo que la Compañía tuviera que ceder para poder sobrevivir en el competitivo mercado de Oriente. La Revolución estadounidense cortó a Gran Bretaña sus fuentes de plata, y tuvo que encontrar otros medios para mantener vivo el comercio en Oriente para abastecer a sus ciudadanos con los productos chinos tan demandados.

En 1782, los primeros barcos británicos fueron enviados a China con un cargamento de 3.450 cofres de opio, cada uno de los cuales contenía 170 libras. Dos barcos zarparon, pero uno fue capturado por los franceses. El otro llegó a Macao, en el sur de China. Allí intentaron vender el opio a cualquier comprador chino, pero nadie lo quiso. China aún no era una nación de adictos. El precio más alto que obtuvieron los británicos por su opio fue en Malasia, donde se vendió un cofre por el valor de 340 en dólares estadounidenses actuales, aunque su valor real era de unos 500 dólares. La Compañía se encontraba en una batalla perdida.

Esto no impidió a la Compañía de las Indias Orientales seguir intentándolo, y en solo quince años, la demanda china de opio era tan alta que importaban más de mil cofres llenos de la droga anualmente. En 1799, el emperador chino tuvo que aplicar la prohibición del opio de forma más estricta, ya que la nación se entregaba ampliamente al vicio. La Compañía británica de las Indias Orientales apoyó oficialmente al emperador, e incluso dejó de importar la droga a China. Sin embargo, en la India siguieron vendiéndola a los comerciantes independientes, británicos o extranjeros, que siguieron vendiéndola en el mercado negro chino.

Solo el opio aportó 39.000 libras a la Compañía en 1773. Un beneficio tan grande no podía ser ignorado. En la India, vendían el opio a un precio cuatro veces superior al de la amapola, que era la materia prima de la que se obtenía el opio. Veinte años después, los ingresos que el opio aportaba a la Compañía se estimaban en 250.000 libras. Y esto fue solo el comienzo de la normalización de la balanza comercial entre China y Gran Bretaña. Entre 1806 y 1809, China pagó siete millones de dólares de plata por el opio. Esto no era ni de lejos suficiente para cubrir la cantidad que Gran Bretaña gastaba en productos chinos, pero era un comienzo. La adicción al opio en el imperio siguió creciendo, y la demanda de la droga aumentó muy rápidamente. Como la Compañía británica de las Indias Orientales tenía el monopolio de la producción india de la droga, podía seguir subiendo artificialmente su precio. A principios del siglo XIX, Gran Bretaña empezó a vender más de 5.000 cofres de opio. El aumento de la demanda fue suficiente para equilibrar el comercio entre las dos naciones.

Pero por mucho opio que la Compañía británica de las Indias Orientales vendiera a los chinos, seguía existiendo un cuello de botella en Cantón, que era el único puerto abierto a los extranjeros. Esto significaba que la droga no podía venderse lo suficientemente rápido, y Gran Bretaña sabía que necesitaba más puertos en la costa china. Por eso enviaron otra misión al emperador chino en 1816. El líder de la nueva misión era William Amherst, y el emperador chino era el sucesor de Qianlong, el emperador Jiaqing (1796-1820). Pero esta misión fue un absoluto fracaso, y el embajador británico ni siquiera llegó a ver al emperador. Al igual que su predecesor Macartney, lord Amherst se negó a realizar el ritual del kowtow, a menos que los funcionarios de la corte china mostraran el mismo tipo de respeto al rey británico. Por ello, se le negó la entrada a Pekín, y tuvo que dar la vuelta a su barco y regresar a Gran Bretaña.

Durante los siguientes veinte años, el número de cofres de opio importados a China creció hasta los 18.000 anuales. Solo tres años después, esta cifra se disparó a 30.000. China se convirtió en la nación de los adictos al opio, y la demanda de la droga era extremadamente alta. Todo el mundo era consumidor en ese momento. Mientras que a principios del siglo XVIII el opio era la droga de la élite, a mediados del siglo XIX la droga llegó incluso a los miembros más bajos y pobres de la sociedad china. Incluso los sacerdotes taoístas y los soldados se entregaban a este vicio.

El Parlamento británico abolió el monopolio que la Compañía de las Indias Orientales tenía en China para permitir a otros comerciantes independientes el acceso al mercado del imperio. Sin embargo, las autoridades chinas no querían tratar con cada comerciante individualmente, y exigieron a Gran Bretaña que nombrara a una persona que fuera responsable de todo el comercio británico en China. El Parlamento acordó que la autoridad británica debía establecerse en Cantón, y se abrió el nuevo cargo de superintendente jefe de comercio. El primero en ocupar este cargo fue lord William Napier. Su tarea no solo consistía en proteger los intereses comerciales británicos, sino también en intentar abrir más ciudades portuarias a los barcos británicos y a una embajada en Pekín.

A su llegada a Cantón, Napier no consiguió reunirse con el virrey de Liangguang, Lu Kun, que insistió en acudir a los canales oficiales del Cohong, el gremio de comerciantes chinos, ya que eran los únicos autorizados a hacer peticiones al virrey. Napier recibió la orden de ir a Macao, donde debía esperar a la temporada de té. Solo entonces se le permitiría entrar en Cantón, como a cualquier otro comerciante extranjero. Además, el virrey Lu Kun ordenó detener a todos los comerciantes británicos para forzar la retirada de Napier a Macao. Lord Napier se trasladó a Macao, pero estaba tan enfurecido por el trato recibido en Cantón que creyó que la única solución para abrir el comercio en China era el uso de la fuerza.

Los comerciantes británicos independientes abogaron por una solución militar al ver que las misiones diplomáticas fracasaban. Bajo su influencia, Napier escribió una carta al Parlamento británico solicitando su apoyo para un ataque a China. Sin embargo, el Parlamento no estaba dispuesto a ir a la guerra cuando aún existía la posibilidad de resolver el asunto por la vía diplomática. Pero Napier se atrevió a acercarse al pueblo chino de Cantón con ideas de guerra, y fue acusado de ponerlo en contra de su gobierno. Por ello, se ordenó a los británicos que abandonaran Cantón y se dirigieran a Macao, aunque los comerciantes estadounidenses, holandeses y franceses podían quedarse y continuar con sus negocios.

Enfadado, lord Napier envió dos fragatas británicas, la *Imogen* y la *Andromache*, a Whampoa, donde sabía que los barcos británicos serían atacados por los chinos. Ordenó a los capitanes que devolvieran el fuego y destruyeran el fuerte chino de Whampoa el 11 de septiembre de 1834. El primer intercambio de salvas demostró la debilidad de las defensas chinas. El fuerte solo tenía cañones fijos y no podía apuntar. Su única opción era disparar por encima de los barcos británicos. Desde una distancia segura, las dos fragatas devolvieron el fuego, derribando los sesenta cañones del fuerte. Fue allí, en la Bocca Tigris, un estrecho en el delta del río Perla, cerca de Humen, donde se produjo el primer intercambio de disparos, preludio de la primera guerra del Opio.

Aunque fueron los británicos los que infringieron la ley china y navegaron por donde no les estaba permitido, lord Napier utilizó la respuesta china como excusa para intensificar el conflicto. Los chinos bloquearon el paso de las fragatas con barcazas de piedra y barcazas incendiarias, que causarían un daño extremo si entraban en contacto con los barcos británicos cargados de pólvora. Sin embargo, antes de poder profundizar en el conflicto, Napier enfermó de tifus. Febril, tuvo que regresar a Macao, donde recibiría mejores cuidados médicos. Desgraciadamente, murió allí el 11 de octubre.

Los esfuerzos de lord Napier no tuvieron apoyo en Gran Bretaña. Se burlaron de él por sus tácticas diplomáticas, que fueron rápidamente bautizadas como "Las chispas de Napier". Sin embargo, los comerciantes británicos en China tenían una opinión diferente. Estaban impacientes, y sus negocios no podían esperar a que el Parlamento tuviera éxito con sus métodos diplomáticos. Pensaban que una guerra les daría acceso al mercado chino porque seguramente los británicos ganarían contra un enemigo tan atrasado cuyas defensas no se habían actualizado en siglos. Así que los comerciantes firmaron una petición al rey Guillermo IV, exigiendo una intervención militar.

En 1836, el emperador Daoguang (1820-1850) emitió otra proclamación que prohibía el comercio de opio. Sin embargo, al igual que la proclamación del emperador anterior, esta fue ignorada. El rumor era que el virrey de Cantón estaba involucrado en el comercio de opio, así que una vez que se emitió otra proclamación ordenando a todos los comerciantes extranjeros que abandonaran China, fue completamente ignorada. Pero no solo el virrey Deng Tingzhen se benefició del opio. El gobierno de China estaba completamente corrompido, y los funcionarios de la corte imperial estaban a menudo implicados en el comercio de opio, ya sea mediante el contrabando o mediante sobornos pagados por el paso seguro del opio.

Pero el emperador Daoguang no toleraba que su pueblo se entregara a la adicción al opio y quiso acabar con su comercio ilegal. No se conoce el número exacto de adictos al opio en China, pero los expertos modernos estiman que había entre cuatro y doce millones. La mayoría de ellos eran hombres jóvenes en la flor de la vida, entre los veinte y los cincuenta y cinco años. Es cuando deberían haber sido más productivos, y en lugar de atender a sus familias, desperdiciaban sus días en los fumaderos de opio. El virrey Deng recibió la orden de hacer algo, pero no podía atacar a los extranjeros, ya que eran la principal fuente de sus ingresos (a través de impuestos y sobornos). En su lugar, optó por castigar a los comerciantes de opio chinos. En todo el país se arrestó a contrabandistas, vendedores, compradores y adictos. Algunos de ellos fueron ejecutados como ejemplo para los demás.

Capítulo 2 - Sin tolerancia

Vista del barrio extranjero de Cantón
(https://en.wikipedia.org/wiki/First_Opium_War#/media/File:AMH-6145-NA_View_of_Canton.jpg)

El gobierno chino siguió luchando contra el comercio del opio suprimiendo su importación. Desgraciadamente para ellos, los resultados fueron escasos, por lo que el emperador convocó a sus gobernantes para intentar resolver el problema del opio de una vez por todas. Se reunieron varios funcionarios estatales para emitir su consejo, pero todos ellos tenían una postura diferente sobre el problema. Algunos instaron al emperador a legalizarlo y despenalizarlo para poder recaudar el impuesto sobre su comercio y transporte, lo que aportaría enormes beneficios al tesoro real. Otros estaban completamente en contra, e insistían en castigar a los comerciantes y adictos. Tras escuchar a todas las partes, el emperador Daoguang tomó la decisión final. Optó por la supresión total del opio, siguiendo el consejo del orador más ruidoso contra la droga, Lin Zexu, el virrey de las provincias de Hubei y Hunan.

El apodo de Lin Zexu era "Cielo Azul" por su moralidad. La gente solía decir que era tan puro como el cielo sin nubes. Además de sus valores morales, el emperador elogió a su virrey por haber conseguido exterminar el comercio y el consumo de opio de Hubei y Hunan. Lin era un erudito literario y un ávido reformador del imperio. Al crecer, fue testigo de la destrucción de la nación por la adicción al opio y quiso limpiar el imperio de esta plaga. Lin hizo su carrera como diplomático y a menudo se le encargó la resolución de asuntos muy complicados.

En 1839, Lin Zexu fue enviado a Cantón, el punto por el que la droga entraba al país y se desplazaba hacia el interior. Nada más llegar, escribió una carta abierta a la reina Victoria (1819-1901), pidiéndole que prohibiera el comercio de opio. Señalaba que China comerciaba con Gran Bretaña con artículos de lujo, como seda, té y porcelana, y lo único que recibía a cambio era el veneno del opio. Aludió a la nobleza de la reina, instándola a actuar contra los comerciantes británicos que carecían de sentido común y moral. La carta de Lin se publicó en Cantón para que todo el mundo la viera. En ella, pedía a la reina británica:

> Puede que no tengan la intención de dañar a los demás a propósito, pero el hecho es que están tan obsesionados con las ganancias materiales que no les preocupa en absoluto el daño que puedan causar a los demás. ¿No tienen conciencia? He oído que ustedes prohíben estrictamente el opio en su propio país, lo que indica inequívocamente que saben lo perjudicial que es el opio. No desean que el opio dañe a su propio país,

pero eligen llevar ese daño a otros países como China. ¿Por qué? (Lin Wen-Chung Kung cheng-shu, vol. 2, rollo 3).

A pesar de que la carta se publicó posteriormente en el *London Times*, Lin Zexu nunca recibió respuesta. Para los chinos, Lin emitió edictos, instando a todos a detener y denunciar a los contrabandistas de opio. También pidió a los profesores que dieran ejemplo a sus alumnos y se abstuvieran de la droga. Lin incluso pidió a la Sociedad Médica Misionera que recomendara un suplemento farmacológico que ayudara a la gente a superar su adicción. Creía sinceramente que la gente podía rehabilitarse. Sin embargo, castigaba a los consumidores de opio que no podían dejar de consumir la droga después de dieciocho meses. Debían ser ejecutados para dar ejemplo y motivar a los demás.

El emperador de China aceptó el intento de rehabilitación de Lin Zexu. Las medidas fueron duras. Todos los importadores extranjeros de opio debían ser decapitados, mientras que los comerciantes chinos debían ser estrangulados. La pena de muerte esperaba a cualquier funcionario del gobierno que hiciera la vista gorda al comercio de opio o, peor aún, que aceptara sobornos por ello. En la primavera de 1839, 1.600 personas fueron arrestadas en Cantón, desde traficantes hasta propietarios de fumaderos de opio y adictos. Se incautaron 40.000 pipas de opio y se confiscaron y destruyeron mil arcones de opio. En el verano de ese mismo año, se encontraron 11.000 arcones de opio más en barcos extranjeros y se quemaron.

Los comerciantes de opio británicos anunciaron públicamente que dejaban el comercio ilegal de opio, aparentemente plegándose a las leyes chinas. Para mostrar su buena voluntad, incluso aceptaron entregar 1.000 cofres de opio a las autoridades. En realidad, continuaron el comercio utilizando diferentes contactos. Los barcos cargados de droga procedentes de la India paraban ahora en Singapur en lugar de en Cantón, y desde allí, los contrabandistas chinos tomaban el relevo. Pero los extranjeros no pudieron engañar a Lin Zexu. Este se dio cuenta de su artimaña y ordenó la detención de uno de los comerciantes británicos más destacados, Matthew Jardine, que no tuvo más remedio que huir a Singapur.

Para seguir luchando contra el comercio de opio, el gobierno chino tuvo que detener al intermediario, el Cohong, ya que sus miembros eran los únicos autorizados a comprar y vender a los extranjeros. Con el tiempo, participaron en el comercio del opio y se enriquecieron mucho. Incluso suministraron a los británicos cofres de madera en los que transportaban el opio desde la India. Para pagar la droga, los Cohong utilizaron las reservas de plata del imperio y redujeron las riquezas del tesoro real a la mitad. El gobierno chino no solo les acusó públicamente de conspirar contra la nación con los comerciantes extranjeros, sino que ordenó a los Cohong que entregaran toda la información que tenían sobre sus socios extranjeros. En lugar de condenarlos a muerte, Lin Zexu encargó a los Cohong que le trajeran todo el opio que recibían de sus contactos extranjeros. Si no lo hacían, en tres días debían ser arrestados, y sus riquezas y tierras debían ser confiscadas para que sus familias fueran avergonzadas.

Los Cohong notificaron a sus contactos en el extranjero las órdenes de Lin, y los mercaderes pidieron tiempo para poder reunirse y discutir las amenazas de Lin. Les respondieron que el contrabando no era suyo para entregarlo a los funcionarios chinos. Pertenecía a las fábricas de la India, y ellos solo se aseguraban de que la mercancía llegara a su destino. Solo querían conservar sus beneficios por cualquier medio, y no parecía importarles que sus socios chinos, los Cohong, perdieran la vida. La negativa de los comerciantes extranjeros a entregar el opio instigó la siguiente respuesta de Lin. Confiscó todo el opio a bordo del barco británico *Snipe* por la fuerza. Las tripulaciones de los barcos cercanos a Cantón también fueron puestas bajo arresto domiciliario.

En 1839, el nuevo superintendente jefe de comercio, Charles Elliot, zarpó hacia Cantón desde Macao. Ordenó a todos los barcos británicos que se retiraran a la seguridad de Hong Kong. Antes de que los comerciantes pudieran abandonar el barrio extranjero de Cantón, este fue asediado por el ejército chino. Lin Zexu no podía permitir que se negaran a entregar el opio y huyeran a Hong Kong o a cualquier lugar fuera de la autoridad china. Temiendo una escasez de alimentos, Charles Elliot escribió a Lin, pidiendo permiso para negociar. A la mañana siguiente, Lin exigió que se entregara todo el opio de inmediato. Elliot no tuvo más remedio que capitular. Ordenó a los comerciantes británicos que entregaran la droga, pero también les prometió una compensación por la pérdida por parte del gobierno británico. Sin embargo, no tenía autorización para hacer tal promesa. Los comerciantes se alegraron de quitarse el molesto opio de encima y abandonar Cantón lo antes posible. Entregaron todas sus posesiones con la esperanza de que el Parlamento británico les devolviera el dinero.

Pero la entrega del contrabando no supuso la liberación de los comerciantes británicos. Lin ordenó sellar las puertas del barrio extranjero, inspirando temor a sus habitantes. Lin no solo quería el opio de los británicos; quería todo el opio. Todavía estaba esperando que los comerciantes estadounidenses e indios entregaran sus reservas. En ese momento, no había comerciantes franceses en Cantón, y los holandeses ya habían interrumpido el comercio de opio en ese momento. Los estadounidenses e indios seguían afirmando que no eran los dueños de la droga; por lo tanto, no podían entregarla sin más. Pero para los chinos, todos los extranjeros eran iguales. Eran bárbaros que se mantenían unidos, y aunque no comerciaran directamente con la droga, seguían apoyando a sus colegas.

Finalmente, el 21 de mayo, todos los comerciantes del barrio extranjero aceptaron renunciar a su opio con la condición de que Lin les permitiera realizar el transporte. Una parte de los extranjeros tuvo que permanecer en la ciudad bajo llave hasta que la droga llegó a su destino en la isla de Chuenpi. Lin salió victorioso en sus esfuerzos por limpiar Cantón de opio, y las fábricas indias lo tomaron como una señal de que el mercado chino estaba cerrado para siempre. El precio del opio bajó de los 600 dólares anteriores a solo 200 dólares por cofre.

Finalmente, el encierro de los extranjeros terminó, y Lin permitió que cincuenta de ellos salieran de China, ya que no se permitía la salida de todos. Los considerados principales comerciantes de opio debían permanecer en las proximidades de Lin Zexu hasta que este se asegurara de que no se importaba opio ilegalmente a China. El 24 de mayo, finalmente satisfecho, Lin ordenó a todos los extranjeros que se habían dedicado al comercio de opio que abandonaran China. Estaba seguro de haber derrotado a los señores de la droga de Cantón, y escribió al emperador para notificarle la victoria. Sin embargo, Lin se equivocó. Elliot consiguió un pasaje seguro para todos los comerciantes británicos, y su acuerdo de entregar el opio no significaba la rendición

En junio, todos los comerciantes británicos exigieron a China que les compensara por sus futuras pérdidas, ya que su gobierno no lo haría. El Parlamento británico aprobó la indemnización de 2,5 millones de dólares a los comerciantes que perdieron opio durante su encierro en Cantón, pero se negó a pagar las posibles pérdidas futuras, alegando que eso era responsabilidad de China desde que cerraron el mercado. Sin embargo, China no tenía intención de dar ningún dinero por las drogas ilegales. Enfadados, un grupo de comerciantes pidió al Parlamento británico que enviara tropas. Sir Charles Elliot se unió a ellos y pidió las tropas suficientes para asustar a los funcionarios chinos e instarles a volver al statu quo.

Pero no todos querían la guerra. Los mercaderes británicos que comerciaban con té, seda y porcelana se beneficiaban enormemente de la interrupción del comercio ilegal de drogas. Una guerra arruinaría su negocio legítimo y detendría el comercio de productos de lujo chinos. Los misioneros cristianos también celebraban el fin de las importaciones de opio, ya que antes se quejaban de que una nación constantemente drogada no podía preocuparse por volverse a Cristo. Una nación asolada por la guerra pensaría aún menos en la conversión.

Pero la confiscación del opio por parte de Lin en Cantón fue solo una acción, y aunque fue lo suficientemente dramática como para detener el tráfico de drogas, no fue suficiente para detenerlo por completo. El cuartel general de los señores de la droga se trasladó a Macao, a sesenta millas al sur de Cantón. En solo un mes, el mercado negro chino volvió a inundarse de opio. En lugar de utilizar Cantón como punto de entrada, los comerciantes de opio británicos vendían en Macao, que estaba bajo jurisdicción portuguesa. Los compradores chinos debían introducirlo de contrabando en China. Los beneficios de los comerciantes extranjeros se dispararon, ya que los esfuerzos de Lin por prohibir el opio solo sirvieron de excusa para aumentar el precio.

Sin embargo, de cara al exterior, parecía que el comisario Lin Zexu había conseguido purificar el país y deshacerse no solo de la droga, sino también de los comerciantes extranjeros. El comercio legal continuó bajo la estricta supervisión de las fuerzas chinas. Algunos de los marineros británicos en Kowloon (hoy parte de Hong Kong) se emborracharon y se pelearon con un aldeano local. Lo golpearon hasta la muerte y Elliot los arrestó. Los juzgó y los condenó a seis meses de trabajos forzados en Gran Bretaña. Sin embargo, Lin Zexu quería que los autores fueran juzgados por las leyes chinas. Elliot no accedió, pues sabía que los marineros británicos serían condenados a muerte según la ley china. Este incidente solo sirvió para aumentar las tensiones entre Gran Bretaña y China. El superintendente jefe de comercio quería arreglar la situación porque las tropas que exigía al Parlamento aún estaban en camino. Necesitaba ganar tiempo y evitar el conflicto con China hasta que llegaran los refuerzos. Así que Elliot invitó a Lin a enviar funcionarios chinos para observar el juicio. Pero en opinión de Lin, Elliot estaba creando una institución extrajudicial que rechazaba la soberanía de China.

Tres días después, el comisario Lin prohibió a los ciudadanos chinos vender o suministrar alimentos a los británicos. Para supervisar la situación, buques de guerra chinos entraron en el puerto de Hong Kong. Esto instigó los rumores de que el comisario chino se estaba preparando para invadir Hong Kong, donde los comerciantes británicos y Elliot estaban atracados a bordo de sus barcos. En Macao, temiendo el castigo chino, el gobernador portugués Don Adrião Acácio da Silveira Pinto ordenó a todos los británicos que se fueran. No quería que su pueblo fuera castigado por esconder a los británicos no bienvenidos. En 24 horas, 250 ciudadanos británicos embarcaron en el puerto de Macao, pero el mal tiempo los mantuvo atracados. Al día siguiente, el 30 de agosto, llegaron los primeros refuerzos de la India. El cañonero *Volage* trajo armamento y la noticia de que pronto llegaría otro buque de guerra, el *Hyacinth*.

Bajo la protección del *Volage*, sesenta barcos con más de dos mil ciudadanos británicos, entre ellos mujeres y niños, zarparon de Macao hacia la meseta de Kowloon, al norte de Hong Kong. En aquella época, Hong Kong no era una ciudad, sino un conjunto de pequeñas aldeas de pescadores, con un puerto lo suficientemente grande como para que los barcos europeos atracaran en él. Al quedarse sin alimentos, Elliot tuvo que hacer algo. Envió tres barcos, el *Louisa*, el *Volage* y el *Pearl*, a comprar comida al primer pueblo que encontraron. Sin embargo, el puerto de Hong Kong estaba vigilado por tres buques de guerra chinos. En lugar de atacar, los británicos recibieron la orden de intentar primero la diplomacia, y pidieron permiso para comprar alimentos. Los buques de guerra les dejaron pasar, pero una vez en tierra, los funcionarios chinos les negaron el comercio. Amenazaron a sus ciudadanos con castigos si comerciaban con los británicos, e incluso les prohibieron entrar en el asentamiento para impedirles comerciar.

Enfurecido, Elliot envió un ultimátum a los funcionarios imperiales, afirmando que, si no se les permitía reabastecerse, los barcos británicos empezarían a disparar. Al no recibir respuesta antes de las 3 de la tarde, los británicos abrieron fuego contra los barcos de guerra chinos. El primero en disparar fue el capitán Henry Smith del *Volage*. La primera guerra del Opio comenzó el 4 de septiembre de 1839, con lo que se conoce en China como la batalla de Kowloon.

Aunque los barcos chinos eran mucho más grandes, estaban equipados con cañones actualizados que apuntaban demasiado alto. No alcanzaron a los tres barcos británicos. Sin embargo, el *Louisa*, el *Volage* y el *Pearl* se quedaron sin munición rápidamente. Los barcos británicos se vieron obligados a retirarse y los chinos los persiguieron. Sin embargo, el viento amainó, por lo que los barcos no pudieron avanzar más. La primera batalla de la primera guerra del Opio terminó en un punto muerto. Agotados, los buques de guerra chinos regresaron a Hong Kong con el primer viento, permitiendo a los británicos escapar. China reclamó la victoria, aunque no se produjeron daños ni pérdidas de vidas en ninguno de los dos bandos. Pronto permitieron a los británicos reabastecerse, seguros de que el gobierno imperial tenía la sartén por el mango en el conflicto.

Charles Elliot no quería continuar el conflicto sin la aprobación del Parlamento británico, pero no pudo impedir lo que estaba a punto de suceder en Macao. Allí, un barco británico consiguió colarse entre la vigilancia portuguesa y descargar su cargamento de opio. Justo cuando salía del puerto, atracó un barco español, el *Bilbaino*. Las autoridades chinas confundieron los dos barcos y prendieron fuego al *Bilbaino*, que no era combatiente, como castigo por el opio descargado. En respuesta, el gobernador Pinto armó sus barcos portugueses, pero los chinos se retiraron. Elliot estaba ansioso por ayudar al gobernador portugués, pero este declinó, ya que la crisis estaba temporalmente resuelta.

El acorazado *Hyacinth* llegó finalmente a Hong Kong, pero Elliot se negó a entrar en otra batalla contra los chinos. En ambos bandos, las pasiones se habían calmado y las hostilidades se habían disipado. Lin Zexu ni siquiera insistió ya en la rendición de los marineros responsables de la muerte de los aldeanos chinos. Sin embargo, sí instó a todos los extranjeros a firmar el documento en el que se comprometían a no comerciar con opio bajo la amenaza de la pena de muerte. Elliot se dio cuenta de que la única forma de detener el conflicto con China era abolir el comercio de drogas, pero también era consciente de que los altos beneficios eran demasiado tentadores. Sabía que los mercaderes británicos seguirían transportando opio desde la India, pasara lo que pasara. Por ello, se negó a firmar el documento y prohibió que todos los comerciantes británicos lo hicieran también.

Los comerciantes británicos independientes, cuyos negocios eran legítimos y que nunca comerciaron con opio, fueron a firmar el documento a espaldas de Elliot. Después de todo, no corrían ningún peligro. El capitán Warner del *Thomas Coutts*, que comerciaba con algodón de las fábricas de Bombay, fue el primero en firmar. Consiguió un dictamen legal en la India según el cual la banda de Elliot no podía aplicar la ley británica. Pronto, otros barcos británicos siguieron el ejemplo del capitán Warner, y el comisario Lin Zexu vio la grieta en la resistencia británica. De nuevo, retomó su decisión de castigar a los asesinos de aldeanos chinos, amenazando con expulsar a todos los británicos de China.

Elliot tenía las manos atadas, pero recibió buenas noticias de Londres. Llegó una carta de lord Palmerston, el secretario de asuntos exteriores británico, en la que prometía que dieciséis barcos y 4.000 soldados llegarían a China para el verano siguiente. Todo lo que Elliot tenía que hacer era sentarse pacientemente y prolongar el statu quo entre las dos naciones. Sin embargo, presionado por el hecho de que muchos barcos británicos habían firmado el documento de Lin, Elliot tuvo que actuar. El 2 de noviembre de 1839, Elliot ordenó a los barcos británicos bajo su mando que bloquearan la entrada de los barcos británicos al río Perla y a Cantón. Sin saber lo que ocurría, el *Royal Saxon*, que transportaba arroz desde Java, llegó a la costa china. Temiendo que este barco británico desobedeciera su prohibición de firmar el documento, Elliot ordenó al capitán del *Volage* que disparara.

En las cercanías había quince buques de guerra chinos y catorce barcos de fuego, cuya tarea era proteger a los barcos que llegaban al puerto de Chuenpi. Al ver que los británicos disparaban contra un comerciante independiente, los chinos, bajo el mando del almirante Guan Tianpei, respondieron. Anclaron sus barcos entre el *Royal Saxon* y los buques de guerra británicos como protección.

Los británicos dispararon primero. Como su flota era inferior, el almirante Guan no pudo hacer mucho. Tenían cañones fijos que no podían apuntar directamente al enemigo; solo podían disparar por encima de ellos. Los chinos perdieron cuatro buques de guerra antes de que terminara la primera batalla de Chuenpi. Al darse cuenta de que no tenían ninguna posibilidad contra los superiores buques de guerra británicos, se vieron obligados a huir. Elliot sabía que no tenía sentido perseguirlos, ya que atraparía a sus barcos entre las flotas chinas. Sin embargo, como el *Royal Saxon* estaba defendido, los chinos proclamaron la victoria, aunque no consiguieron dañar ni un solo barco británico. La flota imperial, compuesta por veintinueve barcos, no pudo igualar la potencia de los dos buques de guerra británicos, el *Volage* y el *Hyacinth*.

Capítulo 3 - Los primeros conflictos

Charles Elliot, superintendente jefe de comercio
(https://en.wikipedia.org/wiki/Charles_Elliot#/media/File:Charles_Elliot.png)

Bautizada por el *London Times*, la primera guerra del Opio comenzó oficialmente con la batalla naval de Chuenpi, aunque el gobierno británico se negó a admitir que la causa de la guerra fuera el comercio ilegal de opio. Algunos miembros del Parlamento llegaron a afirmar que la droga no era tan peligrosa como la presentaban los chinos y que nunca habían oído hablar de nadie que tuviera problemas de salud a causa del opio, ni siquiera los trabajadores de las fábricas indias que estaban expuestos a él durante la mayor parte del día. Los británicos justificaron la guerra diciendo que los chinos intentaban evitar que su tesoro imperial perdiera plata. Continuaron diciendo que la China imperial no se preocupaba por la salud de su pueblo y que la hipocresía guiaba sus acciones.

En la India, donde se producía inicialmente el opio, la Cámara de Comercio tanto de Calcuta como de Bombay se quejó a la Corona británica, pidiendo la compensación prometida por Elliot. También instaron al gobierno a responder a la confiscación del opio por parte de Lin con acciones militares. Sin embargo, los pueblos de Gran Bretaña y Estados Unidos condenaron las acciones emprendidas por los británicos en ultramar y se pusieron del lado de China. Querían que el comercio de opio se detuviera, ya que no querían participar en otra guerra. Para cambiar la opinión pública, el gobierno británico empezó a exagerar los acontecimientos de Cantón, acusando a Lin Zexu de instigar la masacre de extranjeros. En realidad, Lin solo asedió el barrio extranjero. Pero el gobierno necesitaba que la gente condenara sus acciones, así que los periódicos londinenses empezaron a publicar historias espantosas sobre la vida de los ciudadanos británicos en Cantón.

Justo a tiempo, los primeros comerciantes que habían residido en Cantón llegaron de vuelta a Londres. Con ellos, trajeron historias del terrible trato que sufrieron durante el asedio chino. Los mayores vendedores de opio les pagaban para que publicasen esas historias con el fin de presionar para la guerra. William Jardine, de Jardine, Matheson & Co., uno de los mayores comerciantes de opio, llegó a admitir en una carta a su colega Matheson que contrataba a periodistas para que le ayudaran a escribir historias falsas sobre la crueldad china.

Sin embargo, había muchos comerciantes que solo se dedicaban a la mercancía legal, y exigían al Parlamento británico que acabara con el tráfico de opio. Contaron con el apoyo de los misioneros anglicanos, que escribieron extensos informes sobre la influencia de la droga en la sociedad china. La gente siguió condenando la droga y los esfuerzos británicos por seguir importándola a tierras extranjeras. Pero el Parlamento y lord Palmerston permanecieron impasibles ante las súplicas del público. Por desgracia, el beneficio era lo único que importaba. Palmerston calificó a los grupos de presión antiopio de alborotadores y de activistas desempleados. Pero como Palmerston no quería ser el responsable de una guerra, pensaba no hacer nada y esperar que el problema desapareciera por sí solo.

Enfadados por el planteamiento de Palmerston, los comerciantes de opio estaban decididos a hacerle cambiar de opinión. Entre ellos estaba Charles Elliot, que envió cartas desde Cantón culpando a los chinos de la injusta violencia. Además, escribió que, aunque él estaba personalmente en contra del comercio del opio, lo único que se necesitaría para resolver el problema de China era bloquear la costa desde Pekín hasta Cantón con buques de guerra británicos. Finalmente, el Parlamento se convenció, y el 20 de febrero de 1840 escribió a Elliot para que se preparara para la guerra. Oficialmente, los británicos enviaban su armada a China no para luchar por el derecho a vender opio, sino para proteger su colonia en Cantón de la opresión de los funcionarios chinos. Palmerston acusó al gobierno chino de intentar exterminar a todos los comerciantes británicos, y afirmó que los británicos tenían que defender su honor.

Lord Palmerston incluyó en su carta a Elliot una lista de objetivos que deseaba alcanzar en la guerra con China. A Elliot le correspondía ver que la carta llegara al propio emperador Daoguang para que se iniciaran las negociaciones entre las dos naciones. Entre otras cosas, la lista incluía la exigencia de que se permitiera al superintendente británico ejecutar la justicia sobre los ciudadanos británicos en China, obtener una compensación por todas las mercancías británicas perdidas (incluido el opio), el derecho de los extranjeros a poseer propiedades en China, abrir más puertos a los comerciantes británicos aparte de Cantón, y asegurar una o varias islas a lo largo de la costa china donde los británicos establecerían su base.

De vuelta a China, los esfuerzos de Lin Zexu por detener la importación de opio le valieron el reconocimiento y un ascenso. Se convirtió en gobernador general de las provincias de Guangdong y Guangxi. Pero su cruzada contra el opio no había hecho más que empezar. Con renovado vigor, empezó a aprender todo lo que podía sobre los extranjeros. Lin creía que para luchar contra el enemigo había que conocerlo. Compró el *Cambridge*, un buque de guerra británico, y lo amarró en la desembocadura del río Perla. Desgraciadamente, antes de venderlo, los británicos sacaron todos sus cañones y los enviaron de vuelta a la India. A Lin Zexu no le quedó más que una cáscara vacía de barco. La tripulación china del buque recién comprado no sabía cómo manejar sus velas, por lo que el barco ni siquiera podía moverse.

No ayudó el hecho de que los funcionarios chinos, junto con el emperador Daoguang, creyeran que se habían librado con éxito de los británicos. La mayoría de los comerciantes habían abandonado Cantón, y solo quedaba el capitán Charles Elliot, a la espera de refuerzos. Pero los chinos creían que la amenaza británica había pasado, y se centraron en la preparación de la guerra Dogra-Tibetana, que tuvo lugar al año siguiente. Lin Zexu estaba solo en sus esfuerzos por vigilar el acceso a Cantón.

Elliot estaba impaciente, así que decidió adelantar las cosas y cartografiar el río Yangtzé para futuros ataques. Para la misión, pidió prestado el *Hellas*, un barco de comercio de opio. Este barco vio la batalla ya el 22 de mayo de 1840, mientras estaba encallado en Namoa. El barco se encontró rodeado por lo que parecían ser barcos mercantes chinos. Estos barcos chinos pronto abrieron fuego contra el *Hellas*. Incluso intentaron abordar el barco británico, pero fue en vano. Tras cuatro horas de batalla, el viento levantó las velas del barco británico, permitiéndole escapar. Por suerte, no hubo bajas y la tripulación se retiró sana y salva con heridas leves.

Animados por la victoria en Namoa, los chinos decidieron enviar su flota para atacar a los barcos británicos atracados en Capsingmun, al este de Macao. Utilizaron barcazas incendiarias, que debían chocar con los barcos amarrados y provocar explosiones. Sin embargo, el *Druid*, el *Volage* y el *Hyacinth* reaccionaron rápidamente. Utilizaron ganchos de remolque para alejarse de las barcazas en llamas y de los barcos británicos atracados. Ese día no se perdió ningún barco.

Al día siguiente, el 9 de junio de 1840, llegaron por fin los refuerzos militares que lord Palmerston había prometido. La Compañía de las Indias Orientales envió cuatro vapores equipados con cañones: el *Atlanta*, el *Enterprise*, el *Madagascar* y el *Queen*. Gran Bretaña envió también diecisiete buques de guerra y tres acorazados: el *Wellesley*, el *Blenheim* y el *Melville*. Más tarde, se les unió otro acorazado, el *Némesis*. Pero los británicos enviaron algo más que ayuda militar. La armada iba acompañada de muchos barcos civiles, que transportaban unos 10.000 cofres de opio. Necesitaban protección militar para poder acercarse a la costa china y descargar su mercancía. La llegada de la flota significaba que el gobierno británico aprobaba el comercio ilegal de opio, por lo que los comerciantes extranjeros se sintieron animados a llevar la droga a las costas de China una vez más. El resultado, sin embargo, fue una repentina caída de los precios del opio porque el mercado estaba sobresaturado de la droga.

El lugar de reunión de esta flota era Singapur. Los barcos chinos solo podían observar desde una distancia segura en alta mar la reunión de la poderosa armada británica. Eran conscientes de que sus antiguos acorazados no eran rivales para la moderna armada de su enemigo. El 1ro de junio se lanzó la primera ofensiva desde Singapur.

El primer barco en llegar a la Bahía de Cantón fue el *Madagascar*. El capitán Elliot esperó en Macao, donde abordó el *Wellesley* y se reunió con el comodoro J. J. Gordon Bremer. Aunque tenían todo el poderío de la armada británica bajo su mando, el capitán y el comodoro debían intentar primero todas las vías diplomáticas posibles para resolver el problema de China. El papel de los acorazados era más el de asustar al enemigo que el de combatirlo. Solo entrarían en combate si todo lo demás fallaba.

Pero para tener ventaja en las negociaciones, los británicos tenían que bloquear al menos parcialmente la costa china. Mientras que Elliot sugirió bloquear Shanghái, el almirante sir John Barrow quería tomar Hong Kong y la bahía de Cantón. Tras la llegada del almirante sir George Elliot, primo del capitán Charles Elliot, los británicos decidieron bloquear Cantón y esperar a que terminara la estación de los monzones. Sin embargo, los comerciantes no estaban satisfechos con este lento avance. Querían un rápido ataque frontal que desbloqueara el comercio inmediatamente. Las órdenes de Londres, sin embargo, eran presionar a los chinos lo suficiente como para que accedieran a negociar. A partir de ahí, la armada británica debía continuar con una ofensiva a pequeña escala hasta que los chinos aceptaran todos los términos del tratado de paz.

Los combates comenzaron el 1ro de julio de 1840, cuando la armada británica lanzó un ataque contra Dinghai, una ciudad de la isla de Chusan (Zhoushan). El plan era tomar todo el archipiélago de Chusan y convertirlo en una base británica. La ciudad estaba protegida por una muralla de cinco lados rodeada de canales. Aunque la ciudad albergaba a unas 40.000 personas, solo había unos 600 defensores. El resto eran pescadores y marineros. Una milicia de 600 hombres no es pequeña, pero solo iban armados con arcos y lanzas. De vez en cuando había algún fusil antiguo, pero la falta de entrenamiento impedía que la gente lo utilizara con eficacia.

La armada británica fue seguida por doce buques de guerra chinos, que mantuvieron la distancia, pues eran conscientes de su debilidad. No obstante, enviaron una invitación a los británicos para que hablaran con un funcionario del gobierno que estaba destinado en su buque insignia. Resulta que el funcionario chino en cuestión no era un oficial naval de alto rango como esperaba el comodoro Bremer. Era solo un comandante de una guarnición local. Bremer exigió la rendición total de Chusan, pero los chinos decidieron ignorarle. En su lugar, se prepararon para el próximo ataque. El 5 de julio, Bremer disparó por primera vez contra el pequeño pueblo de pescadores, y una vez que los chinos respondieron con un solo disparo, ordenó devolver el fuego con los setenta y cuatro cañones estacionados en el *Wellesley*. El grupo de desembarco le siguió poco después, dirigido por el teniente coronel George Burrell, comandante de la 18ª Brigada. Mientras tanto, cuatro buques de guerra chinos fueron destruidos, mientras que otros resultaron dañados. También fueron destruidas las torres del fuerte cercano al pueblo, junto con la muralla que daba al mar.

Con la costa asegurada, los británicos pudieron dirigirse a la ciudad de Dinghai, que se encontraba una milla tierra adentro y estaba protegida por las colinas que la rodeaban. Pero la artillería india subió a esas colinas y empezó a disparar a los habitantes de Dinghai desde arriba. Los británicos no sufrieron ninguna baja durante la primera invasión, mientras que unos 2.000 chinos perdieron la vida. El primer territorio británico en la costa china fue tomado el 6 de julio de 1840. Lin Zexu intentó advertir a los gobernadores de las provincias de Jiangsu y Zhejiang, a las que pertenecía el archipiélago de Chusan, pero le ignoraron. Una vez que el emperador Daoguang recibió la noticia, no hizo otra cosa que culpar a Lin Zexu. Lin fue simplemente un chivo expiatorio que pagó la pérdida de Chusan, y fue exiliado a Xinjiang, una provincia del norte habitada por los uigures musulmanes. Aunque cayó en desgracia, Lin se recuperaría y se convertiría en el virrey de la provincia de Shaanxi-Gansu. Condenado y culpado de iniciar la primera guerra del Opio, se convertiría más tarde en el símbolo de la lucha contra el opio durante la segunda guerra del Opio.

A pesar de que el almirante George Elliot prohibió a los barcos de opio desembarcar en Chusan, sus órdenes fueron ignoradas. En noviembre de 1840, la isla se convirtió en el principal punto de descarga de la droga, y el precio alcanzó su punto más bajo, vendiéndose a solo 100 dólares por cofre. A finales de año, cuarenta y tres barcos de opio estaban atracados en Chusan, y se descargaron unos 12.000 cofres de opio. Así que, aunque el opio estaba prohibido, abundaba en las calles del asentamiento británico. Había tantos adictos en la isla de Chusan que los misioneros fueron a abrir un centro de tratamiento de adicciones. Los soldados británicos fueron contratados para vigilar el centro, pero eran los mismos que defendían a los contrabandistas de la droga de la armada china estacionada en las cercanías.

Los soldados británicos no estaban acostumbrados al cálido clima chino y, a pesar del calor, se les ordenó apostarse en los campos de arroz en lugar de en las casas abandonadas de Dinghai, donde habrían estado más cómodos. El teniente coronel Burrell incluso les ordenó que mantuvieran sus uniformes bien abrochados, lo que hizo que sus soldados estuvieran aún más incómodos. Pronto, la disentería se extendió por las filas, cobrándose más de 600 vidas. Debido a esto, Burrell fue despedido y sustituido por Hugh Gough. Una vez que el *Blenheim* y el *Wellesley* navegaron hacia Dinghai, los británicos tenían suficiente potencia de fuego para continuar hacia Pekín (Beijing). Pero primero, el capitán Charles Elliot tuvo que intentar enviar la carta de Palmerstone al emperador. La entregó a los oficiales chinos apostados a veinte millas al noroeste de Dinghai. La carta le llegó de vuelta, sin abrir y sin explicaciones.

La siguiente oportunidad de pasar la carta se presentó al cabo de diez días, cuando la flota británica entró en el río Bei He a setenta y cinco millas al sur de Pekín. Allí, la carta fue recibida por el gobernador de la provincia de Chihli (Zhili), que accedió a enviarla al emperador. Ahora, Elliot solo tenía que esperar la respuesta. Mientras esperaba, él y sus hombres fueron tratados como invitados por los chinos y se les suministró comida y agua. Desgraciadamente, la tripulación británica volvió a sufrir disentería y, en un intento de encontrar una fuente de agua dulce, Elliot ordenó a la flota que se dispersara. El 27 de julio recibió una invitación para reunirse con un funcionario estatal llamado Jing'an Qishan. Las negociaciones duraron seis horas, pero no se llegó a ningún acuerdo.

Capítulo 4 - Barcos de vapor y cañones

El Némesis *(fondo derecho), destruyendo juncos de guerra chinos por Esward Duncan*

(https://en.wikipedia.org/wiki/First_Opium_War#/media/File:Destroying_Chinese_war_junks,_by_E._Duncan_(1843).jpg)

Durante la primera guerra del Opio, los barcos de vapor hicieron su debut en la guerra. El *Némesis*, construido en 1839, llegó a China un año después, el 25 de noviembre de 1840. Fue el primer barco de su clase que recorrió esa ruta, y su capitán era William Hall, el primer oficial británico que estudió la potencia de las máquinas de vapor. El *Némesis* era digno de admiración, y los chinos se sentían realmente intimidados por el poderoso barco de vapor, ya que era algo que nunca habían visto antes.

En el momento de la llegada del *Némesis*, tuvo lugar en Cantón la segunda ronda de negociaciones entre los dos Elliot y Jing'an Qishan. Allí fue donde los funcionarios británicos se enteraron por primera vez de que Lin Zexu había sido destituido del cargo de gobernador, ya que Qishan era el que había sido elevado al antiguo puesto de Lin. Esto fue una gran noticia para Charles Elliot, que conocía muy bien a Lin y su odio por el opio.

Animado por este giro de los acontecimientos, Elliot exigió la apertura de otros cuatro puertos a los comerciantes británicos: Amoy, Ningbo, Shanghái y Fuzhou. También exigió una isla no especificada en la que los británicos pudieran establecer su base, el reembolso de todo el opio confiscado por Lin Zexu y reparaciones por los esfuerzos británicos en China. Qishan aceptó pagar reparaciones por valor de seis millones de dólares en doce años, pero el acuerdo sobre el cese de territorio chino fue un asunto más complicado. Los funcionarios chinos se negaron a ceder ningún territorio a los británicos, aunque Elliot prometió liberar Chusan a cambio de otro puerto que se elegiría más adelante. Qishan decidió ignorar la demanda de Elliot, prolongando las negociaciones. Pasó el año nuevo de 1841 y aún no había avances en las negociaciones. El impaciente Charles Elliot dio a Qishan dos días, tras los cuales, prometió, se reanudaría la guerra.

El 7 de enero de 1841, a las 8 de la mañana, las armadas británica e india atacaron el fuerte Chuenpi y su gemelo al otro lado del río Perla, el fuerte Tycocktow. Los chinos devolvieron el fuego, pero rápidamente se dieron cuenta de que no podían hacer nada. Después de cinco minutos de devolver el fuego, los fuertes quedaron en silencio. El bombardeo desde el *Némesis*, el *Enterprise*, el *Madagascar* y el *Hyacinth* continuó, mientras dos compañías de marines desembarcaban y cruzaban los muros del fuerte Chuenpi.

Lucharon contra los 2.000 soldados de élite Qing, que no se rendían. Solo después de que murieran 600 soldados chinos, el resto huyó o se rindió. Los británicos bajaron la bandera amarilla china e izaron la Union Jack. El combate terminó a las 11:30. Los británicos solo tuvieron treinta y ocho bajas, y ninguna de ellas fue mortal.

El ataque al fuerte Tycocktow fue dirigido por el *Samarang*, el *Druid*, el *Modeste* y el *Columbine*. Bombardearon los muros del fuerte con tal precisión que los chinos fueron rápidamente silenciados. Las tripulaciones de estos buques de guerra británicos asaltaron el fuerte Tycocktow y sacaron a los chinos por completo de él. A las 11:20, el combate había terminado.

En el mar, el *Némesis* y su séquito de hombres de guerra británicos hundieron once buques de guerra chinos en la desembocadura del río Perla. Los barcos chinos ni siquiera devolvieron el fuego. Sin embargo, los británicos los masacraron y la segunda batalla de Chuenpi terminó en menos de cuatro horas. Pero no terminó la guerra. Otra batalla, esta vez naval, tuvo lugar en la bahía de Ansons, al este de Chuenpi. Allí, el *Némesis* demostró su poder y demostró que el barco de vapor era una armada en sí misma. Solo él hundió quince juncos de guerra chinos. Al darse cuenta del poder de esta nueva tecnología, los catorce barcos chinos restantes comenzaron a huir, pero el *Némesis* no lo siguió. En su lugar, el capitán del barco de vapor decidió moverlo río arriba para reunirse con la flota británica.

Había tres fuertes más en las proximidades del fuerte Chuenpi, y los británicos estaban a punto de disparar contra ellos cuando recibieron un mensaje del líder de las tropas chinas, el almirante Guan, que exigía un alto el fuego de tres días para consultar con el gobernador Qishan. Elliot aceptó y pronto se reanudaron las negociaciones. El 20 de enero de 1841, los dos oficiales llegaron a un acuerdo conocido en la historia como la Convención de Chuenpi. Sin embargo, tanto el gobierno chino como el británico rechazaron los términos que Elliot y Qishan habían acordado. En su lugar, optaron por sustituir a sus representantes e intentar parlamentar una vez más. Mientras lord Palmerston creía que Gran Bretaña ganaba demasiado poco, el emperador Daoguang creía que China estaba dando demasiado. En lugar de Elliot y Qishan, Henry Pottinger y Yang Fang fueron elegidos para renovar las negociaciones.

Entre los términos que Elliot y Qishan acordaron estaba la venta de Hong Kong a los británicos al precio de seis millones de dólares. Era la misma cantidad que los chinos debían pagar por la indemnización de guerra. El acuerdo neutralizaría la pérdida china, pero tanto lord Palmerston como el emperador Daoguang se enfurecieron por ello. Palmerston quería que se cumplieran todas sus exigencias iniciales, mientras que Elliot creía que el gobierno británico no podía pedir más después de la matanza de soldados chinos. Sin embargo, Palmerston necesitaba dinero para compensar a los comerciantes por el opio perdido; de lo contrario, el Parlamento británico caería. Necesitaba que Elliot asegurara el pago tanto de las indemnizaciones de guerra como del opio confiscado. Elliot, con sus creencias antiopio, ni siquiera se molestó en sacar el tema del comercio de la droga, lo que enfadó aún más a Palmerston, que quería que el opio se considerara un comercio lícito.

En Pekín, el emperador Daoguang se indignó porque Qishan aceptó ceder Hong Kong, un territorio soberano del Imperio Qing. Castigó a Qishan con prisión y cargos de traición. Incluso fue condenado a muerte, pero al cabo de unos meses fue liberado y se le permitió seguir ayudando en las negociaciones con Gran Bretaña. Creyendo aún que era un emperador celestial, el emperador Daoguang también se atrevió a ordenar a Charles Elliot que se presentara en Pekín para ser ejecutado. Su orden fue ignorada.

Cuando Elliot y Qishan firmaron la Convención de Chuenpi el 20 de enero, el emperador envió refuerzos militares a Cantón, ordenando a Qishan que detuviera todas las negociaciones y atacara a los británicos. Sin embargo, el oficial chino decidió desobedecer a su emperador, ya que creía que la convención era buena para ambas partes. Un nuevo conflicto se intensificó cuando el teniente coronel Burrell ocupó Hong Kong el 26 de enero. Un mes más tarde, llegaron los refuerzos chinos del interior y comenzaron a reunirse en torno a la Bocca Tigris (el estrecho de Humen). Al darse cuenta de que la diplomacia había fracasado, Elliot ordenó al *Melville*, al *Queen*, al *Wellesley* y al *Druid* que dispararan a los fuertes de Wangtong y Anunghoi. Los chinos devolvieron el fuego, pero se detuvieron después de solo quince minutos. Los soldados británicos e indios asaltaron entonces la costa. Los soldados chinos huyeron, dejando que los civiles fueran masacrados por los soldados británicos.

Unos días después, Elliot, que estaba a bordo del *Némesis*, dirigió la flota hacia Cantón, cuyos ciudadanos huyeron. La ciudad desierta estaba ahora ocupada por los británicos. Elliot culpó al comercio del opio de la guerra y lo prohibió en Cantón. Sin embargo, suprimió la pena de muerte para los comerciantes que fueran sorprendidos traficando con la droga. En su lugar, su contrabando sería confiscado, pero ellos no serían castigados. El general chino Yang Fang pidió una tregua y Elliot aceptó. Pero los chinos siguieron reuniendo sus tropas en las afueras de Cantón e incluso establecieron un precio por la captura de los británicos. La cabeza de Elliot se estimó en unos 50.000 dólares.

Al general Yang Fang se le encargó recuperar Hong Kong de manos británicas. Era un veterano del ejército chino y, a sus setenta años, ya estaba completamente sordo. Tenía que escribir las órdenes para sus soldados. Sin embargo, seguía inspirando temor entre las tropas y tenía gran autoridad sobre ellas. Sin embargo, no era diplomático y creía que el fin de los problemas con los británicos sería permitir que se reanudara el comercio de opio. El emperador no estaba de acuerdo y le instó a volver con Elliot a la mesa de negociaciones.

El 21 de mayo de 1841, los chinos bombardearon el barrio extranjero de Cantón. Por suerte, Elliot ordenó a todos los ciudadanos que evacuaran la ciudad el día anterior, y no había nadie más que unos pocos comerciantes obstinados. Una vez más, el *Némesis* demostró su valía. Mientras otros buques de guerra británicos se encontraban en amarras, el barco de vapor pudo ponerse a salvo, silenciando la artillería de los fuertes chinos y ganando la batalla naval a la mañana siguiente. Así, los chinos no consiguieron obligar a la flota británica a retirarse. El 27 de mayo, las negociaciones continuaron, aunque brevemente. El general Fang no estaba satisfecho con el progreso de la negociación y decidió atacar de nuevo Cantón. Las fuerzas chinas consiguieron invadir la ciudad, entrar en el barrio extranjero y saquearlo. Elliot bombardeó la ciudad desde el *Némesis*, con la ayuda de otros buques de guerra británicos esta vez, pero decidió no invadir la ciudad porque sus fuerzas habían sido diezmadas por la disentería. Aunque los chinos habían conseguido reunir unos 20.000 soldados, Elliot solo contaba con unos 200. El combate cuerpo a cuerpo sería una misión suicida para los británicos.

El 29 de mayo de 1841 se firmó un nuevo tratado que reembolsaba a los británicos seis millones de dólares. Otros términos sobre los que se pusieron de acuerdo los funcionarios de las dos naciones fueron la desmilitarización de Cantón y el reembolso a los españoles, cuyo *Bilbaino* había sido destruido por error por los chinos dos años antes. Hong Kong, el opio y la reanudación del comercio ni siquiera se mencionaron porque ambas partes querían poner fin a la lucha inmediatamente. Los funcionarios británicos acordaron que no exigirían a los chinos que admitieran la derrota para salvar la cara del emperador y convencerle de que aceptara los términos.

Este tratado, conocido como el "Rescate de Cantón", hizo que los británicos se retiraran a Hong Kong. Los chinos pintaron una imagen de victoria, describiendo a los británicos como bárbaros que pedían clemencia, dinero y la reanudación del comercio. El emperador Daoguang nunca fue informado de que la flota británica no había sido destruida y que se había retirado a salvo a Hong Kong. Se le hizo creer que su victoria era completa, por lo que exigió la devolución de Hong Kong. El general Yang Fang fue criticado por dejar marchar a los británicos y por no perseguirlos. Los informes inexactos que se enviaron al emperador tendrían efectos desastrosos.

Como el problema del comercio del opio seguía sin resolverse, el Parlamento británico decidió que la guerra debía continuar. Esta vez, decidieron que había que presionar a Pekín (Beijing) y que el ejército debía avanzar hacia el norte. El primer objetivo del renovado conflicto era la ciudad de Amoy (Xiamen), cuya caída bloquearía el río Yangtzé. Pero mientras se preparaba la expedición, un tifón azotó Hong Kong, dañando la flota británica. Fue entonces cuando Elliot se enteró de que había sido despedido del cargo de superintendente jefe de comercio. No se le notificó a través de ningún medio de comunicación oficial. En cambio, se enteró por el *Canton Press*, un periódico inglés publicado en Cantón.

De vuelta a Gran Bretaña, Charles Elliot había sido presentado en la prensa como el débil que hizo la paz con los chinos inferiores en lugar de lograr una victoria decisiva. Las historias sobre el exsuperintendente lo convirtieron en un villano a los ojos del público. Palmerston le acusó de ignorar las órdenes directas y de actuar sin la aprobación de la armada o el gobierno británicos. Además de ser un traidor, también se le acusó de ser blando con el enemigo y de amar a los chinos. Elliot fue sustituido por Henry Pottinger, mientras que el mando de las tropas terrestres en China siguió en manos de sir Hugh Gough.

Pottinger podría ser descrito como un sinófobo, ya que tenía poca o ninguna comprensión de la cultura y los protocolos chinos. Sin embargo, fue recibido con todos los honores a su llegada. Nadie escoltó a Elliot y su familia en su regreso a Gran Bretaña.

Los británicos reunieron una nueva armada, compuesta por treinta y dos barcos, cuatro de los cuales eran vapores que transportaban 27.000 hombres. El 21 de agosto, la armada partió de Macao y se dirigió a Amoy. La importancia de Amoy residía en su proximidad a Pekín. Era una isla árida a 300 millas al norte de Macao, y los británicos la alcanzaron en cuatro días. La ciudadela de la isla estaba equipada con 200 cañones y 96 troneras, a través de las cuales los soldados chinos disparaban sus flechas y llaves de mecha. Se añadieron otros cuarenta y dos cañones cuando los chinos se enteraron del plan británico de atacar Amoy. La isla de Kulangsu, que servía de protección a Amoy, también tenía una ciudadela equipada con setenta y seis cañones. La rara artillería moderna estaba estacionada aquí, pero no sirvió de nada. El *Modeste*, el *Blonde* y el *Druid* bombardearon los muros de la ciudadela de Kulangsu y la derribaron rápidamente.

Amoy fue bombardeada durante noventa minutos. Los antiguos cañones chinos estaban inmóviles, por lo que no podían apuntar a la armada británica. En cambio, dispararon demasiado alto, fallando todos los barcos enemigos. Pronto, se callaron. Los soldados británicos desembarcaron y sir Hugh Gough dirigió el ataque, golpeando el fuerte de Amoy desde el sur. Los chinos intentaron defender la ciudadela, pero tuvieron que retirarse, llevando consigo a sus heridos. Al darse cuenta de que la batalla estaba perdida, el comandante manchú se suicidó. Entre otros objetos personales que los soldados chinos dejaron en la ciudadela, los británicos encontraron pipas de opio. Los defensores imperiales de Amoy estaban intoxicados por la misma droga contra la que luchaban.

Los británicos pasaron una semana en Amoy, donde establecieron una guarnición. El saqueo de casas civiles estaba estrictamente prohibido, y Gough tuvo que ejecutar a varios de sus hombres por desobedecer esta orden. Una vez levantada la guarnición, y pasadas las tormentas, los británicos estaban listos para avanzar hacia Pekín. El almirante sir William Parker y Henry Pottinger decidieron tomar el fuerte de Dinghai en la isla de Chusan. Los chinos presentaron una impresionante batalla, pero no fueron rivales para la modernizada armada británica.

Los británicos querían capturar toda la costa central de China, y su siguiente objetivo era la ciudad de Jinhai. El 10 de octubre comenzó el ataque. Sin embargo, Jinhai tenía mejores defensas. El fuerte descansaba sobre un acantilado y tenía 4.000 soldados chinos defendiéndolo. Al estar a diez millas de la costa, el éxito de un ataque a esta ciudad dependía de las fuerzas del general Gough. Tomó 1.500 hombres y flanqueó el fuerte. En menos de veinticuatro horas, los británicos declararon la victoria. Los británicos solo sufrieron tres bajas, mientras que varios cientos de chinos murieron defendiendo la ciudad. Tres días después, cuando la armada británica se acercó a Ningbo, la ciudad abrió sus puertas, rindiéndose sin luchar. El ejército británico se instaló allí para pasar el invierno.

A finales de 1841, el emperador Daoguang se enteró finalmente de que sus funcionarios estatales le estaban enviando información falsa sobre los acontecimientos en Cantón y que había reclamado la victoria cuando no había ninguna. Enfadado, envió a su primo Yijing a recuperar Ningbo. Pero el ejército de Yijing estaba mal entrenado y consistía en su mayoría en aldeanos que reclutó de camino a Soochow, a cincuenta millas al norte de Ningbo. Aun así, consiguió reunir a 5.000 personas, y el 10 de marzo de 1842 dirigió el ataque a la Ningbo ocupada por los británicos. Los soldados chinos estaban bajo la influencia del opio, lo que disminuía su capacidad de combate, y aparte de su número, no estaban en condiciones de luchar contra los británicos, militarmente superiores. Apenas 150 hombres al mando del general Gough consiguieron repeler el ataque de Yijing.

Los efectos de la pérdida de Ningbo fueron devastadores para la moral china. Muchos soldados desertaron y el Ejército Imperial quedó diezmado. Los chinos no creían que la guerra contra los británicos mereciera la pena, sobre todo porque la mayoría de la población era adicta al opio. Incluso oficiales militares de alto rango fueron encontrados a menudo muertos en el campo de batalla con pipas de opio en sus manos. En los pequeños conflictos que se produjeron durante la primavera de 1842 a menudo se veía a los soldados chinos corriendo por los campos de batalla mientras estaban aturdidos por el opio. El resultado de la desmilitarización de Cantón y de la toma de posesión británica de Hong Kong fue el aumento del comercio de opio. El mercado volvió a estar sobresaturado de la droga, pero nunca faltaron adictos dispuestos a comprarla. Los mismos soldados que luchaban contra los británicos ayudaban a los comerciantes de opio a descargar su carga en los puertos chinos disponibles.

Hong Kong, de propiedad británica, sufrió una metamorfosis durante este periodo. De pequeñas aldeas pesqueras dispersas, pasó a ser una ciudad moderna y occidentalizada. En febrero de 1842, la ciudad estaba repleta de constructores y trabajadores diversos que la actualizaron y construyeron según los estándares británicos. El comercio de drogas floreció aquí. Se calcula que el 25% de los barcos que transportaban opio descargaban su contrabando en Hong Kong, desde donde se dirigía a la China continental.

De vuelta a Gran Bretaña, se produjo un cambio gubernamental. El descontento por el resultado de la guerra con China fue una de las razones, pero también influyó la caída del primer ministro lord Melbourne y su Parlamento Whig. Fueron sustituidos por los tories y sir Robert Peel, que habían abogado firmemente contra la guerra. Sin embargo, una vez en el poder, no hicieron nada para detenerla. De hecho, se les acusó de intensificar el conflicto. Enviaron 100 barcos y todo el 5º Regimiento a China para ayudar a Gough, cuyas tropas pasaron de 3.000 a 10.000. Las hostilidades se reanudaron en junio de 1842.

Capítulo 5 - El fin de la primera guerra del Opio

Sir Henry Pottinger
(https://en.wikipedia.org/wiki/Henry_Pottinger#/media/File:Henry_Pottinger.jpg)

El 16 de junio de 1842, en la desembocadura del río Yangtzé, se produjo el siguiente ataque. El plan consistía en hacerse con el control del río y cortar la estratégicamente importante ciudad de Nanjing (Nanking), que se encontraba a 175 millas tierra adentro. La ciudad era una metrópolis, y los británicos esperaban que su caída persuadiera al emperador a sentarse en la mesa de negociaciones. El otro plan era atacar la propia capital, pero los británicos querían evitarlo a toda costa. Pero antes de Nanjing, tenían que ocuparse de Shanghái. Esta se rindió sin luchar, y durante la semana que pasaron allí, los soldados británicos saquearon y violaron. Uno de los oficiales chinos que vivía allí escribió en sus memorias cómo el enemigo se conformó con el saqueo y abandonó la ciudad sin masacrar a su gente.

El siguiente objetivo fue la ciudad de Zhenjiang. Los soldados británicos encargados de capturar esta ciudad sufrieron deshidratación y veinte de ellos murieron. Fueron las únicas bajas de esta batalla, a pesar de que los defensores chinos dispararon contra los soldados británicos. Tras la toma de la ciudad, los generales británicos acordaron que su reputación de saqueadores y violadores debía terminar. Arrestaron y colgaron a todos sus soldados que se dedicaban a violar. Los generales británicos mostraron sus tendencias racistas al acusar y castigar solo a los indios, lo que sugiere que podrían haber sido chivos expiatorios. No obstante, sirvieron de advertencia a otros soldados.

Las diferencias raciales también afloraron entre las filas chinas. Los manchúes, la élite gobernante, se consideraban superiores a los chinos. El general manchú Hailin culpó a los ciudadanos chinos de conspirar con el enemigo, y los acorraló y ejecutó, aunque fueran civiles inocentes. Los chinos temían a los británicos tanto como a sus amos manchúes. Hailin no perdonó a nadie, e incluso recompensó a sus soldados por matar a mujeres y niños "traidores".

Con la toma de Zhenjiang, los británicos controlaban todo el tráfico del río Yangtzé, ya fuera comercial o militar. El transporte de sal y grano a Nanjing quedó interrumpido, así como la comunicación de los comerciantes chinos. Nanjing, la antigua capital de la dinastía Ming, estaba ahora completamente expuesta a los británicos. El emperador Daoguang se vio obligado a actuar y buscar la paz. Si el enemigo tomaba Nanjing, de importancia estratégica, no había nada que le impidiera avanzar hacia Pekín, donde residía el Hijo del Cielo.

Yilibu, virrey de Nanjing, y Qiying, funcionario manchú, fueron nombrados plenipotenciarios por el propio emperador. Como tales, tenían el poder de dirigir y concluir el tratado de paz con los británicos. El emperador Daoguang les ordenó que aceptaran cualquier término que detuviera el avance británico hacia la capital. Sin embargo, los diplomáticos recién nombrados dudaron con las negociaciones, ya que no querían hacer caer la ira del emperador sobre ellos. Para persuadirlos de que parlamentaran, sir Henry Pottinger amenazó con bombardear las murallas de Nanjing. Tras dos días sin respuesta, el *Cornwallis* se puso a tiro de la ciudad para apoyar la amenaza. Sin embargo, Pottinger seguía sin ordenar el ataque. Finalmente, Yilibu accedió a leer la propuesta de tratado de paz británico, aunque siguió negándose a ver a Henry Pottinger en persona.

Yilibu recurrió a la vieja táctica china de la dilación pasiva para ganar tiempo. Incluso después de diez días, Pottinger no había recibido una respuesta. Finalmente, fijó la fecha del 13 de agosto como el día en que comenzaría el ataque a Nanjing. Como resultado, Yilibu se tragó su orgullo y aceptó embarcarse en el *Queen*, ver a Pottinger en persona e iniciar la negociación. Después de cuatro días, Yilibu aceptó los términos británicos para la paz, pero a pesar de tener todo el poder para firmar el documento él mismo, insistió en la aprobación del emperador. Temía la sentencia de muerte en caso de que el tratado desagradara al gobernante. Por ello, Yilibu renunció a su poder plenipotenciario, obligando a los británicos a esperar una respuesta de Pekín.

Mientras esperaba la respuesta del emperador, Yilibu continuó las conversaciones con Pottinger, y lo que se conocerá como el Tratado de Nanjing fue tomando forma poco a poco. El funcionario chino se dio cuenta de que el comercio del opio estaba en medio, y se negó a discutirlo al principio. El testarudo Pottinger insistió, y lo único que pudo hacer Yilibu fue aceptar dejar el asunto, lo que permitiría que el comercio ilegal continuara, aunque detestara la droga. Las condiciones que aceptó el diplomático chino fueron humillantes y vergonzosas. El coste de la reparación se elevó de seis a veintiún millones de dólares. También aceptó la demanda británica de acceso al puerto de Fuzhou. Yilibu aceptó todas las condiciones de paz que exigían los británicos, excepto la legalización del comercio de opio. Aunque Pottinger tenía instrucciones de convencer a los chinos de que podían beneficiarse del comercio cobrando impuestos sobre la droga, no quiso insistir en el asunto cuando recibió una carta del propio emperador. En la carta, el emperador decía que nunca recurriría a obtener beneficios de la miseria de su pueblo.

Sir Henry Pottinger se dio cuenta de que China nunca admitiría públicamente el comercio de opio. Por lo tanto, propuso una reunión secreta que los funcionarios chinos podrían negar más tarde. Yilibu aceptó esta reunión, confirmando que, para China, todo era cuestión de honor, no del bien del pueblo. Durante la reunión secreta, los funcionarios chinos preguntaron a Gran Bretaña por qué no podían dejar de producir opio en sus fábricas de la India. No podían entender cómo el Parlamento británico no tenía poder para detener el cultivo de amapolas. Todo lo que conocían era el poder totalitario del emperador, y no podían entender la sutil política de los extranjeros. Lord Pottinger defendió a Gran Bretaña, diciendo que el problema estaba en los consumidores, no en los productores, y que el comercio se detendría si no hubiera demanda. También defendió el comercio del opio diciendo que, si no eran los británicos los que lo vendían, algún otro país, como Estados Unidos o Francia, aprovecharía la oportunidad para importar la droga. Tras notificar al emperador todo lo sucedido durante la reunión, Yilibu aceptó todos los términos del tratado, excepto la aceptación oficial del comercio de opio. El documento se firmó el 29 de agosto de 1842. Fue ratificado por el emperador Daoguang el 27 de octubre y por la reina Victoria el 28 de diciembre.

La forma final del tratado incluía tres puntos importantes para los británicos: los cambios en el enfoque chino del comercio exterior, el cese de Hong Kong y las reparaciones por la guerra. Se acabó el monopolio del comercio exterior y se abrieron cuatro puertos más a los comerciantes británicos: Amoy, Fuzhou, Ningbo y Shanghái. El gobierno chino tuvo que pagar seis millones de dólares por el opio confiscado por Lin Zexu, tres millones de dólares que los comerciantes de Hong Kong debían a los británicos y otros doce millones por reparaciones de guerra. La suma total de veintiún millones de dólares debía pagarse en los tres años siguientes, con un interés del 5% si no se pagaba a tiempo. Hong Kong se convirtió en una colonia británica por tiempo indefinido. Sin embargo, habría varios convenios más que determinaron el destino de Hong Kong. El último tuvo lugar en 1997, cuando Hong Kong fue transferido a China, pero siguió siendo una región administrativa especial con su propia política y constitución.

Con el fin de la guerra y el Tratado de Nanjing, los chinos quedaron enfadados y humillados. Este enfado se acumuló y finalmente necesitó desfogarse. Surgió una oportunidad cuando los comerciantes de opio decidieron entrar en Cantón con sus esposas. Los chinos consideraron que esto rompía la tradición que exigía que los sexos no se mezclaran. En noviembre de 1884, los habitantes de Cantón se amotinaron y quemaron la bandera británica. Los estadounidenses que defendían el barrio extranjero dispararon a cinco alborotadores, mientras la policía china dispersaba a la multitud allí reunida. Al no poder expresar su ira en el barrio extranjero, los alborotadores se dirigieron a dos barcos británicos atracados en Cantón, el *Ann* y el *Nerbudda*. La tripulación y los pasajeros de estos barcos fueron decapitados, excepto unos pocos que se salvaron para llevar el mensaje a Londres. Pottinger amenazó con tomar represalias, pero el virrey de Cantón arrestó rápidamente a todos los líderes rebeldes.

De vuelta a Londres, el Tratado de Nanjing fue aclamado como una victoria. El *Illustrated London News* escribió que la guerra china aseguraba el flujo de millones de dólares a los británicos y la continuación del suministro de té. Los periódicos británicos celebraron la victoria y ni siquiera mencionaron la pérdida de vidas, las penurias de la guerra o incluso el comercio ilegal de opio, la verdadera causa de la guerra. Bajo el gobierno de la Corona, Hong Kong se convirtió en un puerto importante, ya que todo el opio que llegaba se descargaba allí. La Corona ofrecía incluso protección a los compradores, y el número de residentes en el nuevo puerto aumentó exponencialmente. El opio seguía siendo el contrabando más codiciado en China, y la oferta seguía satisfaciendo la demanda.

No todos celebraron la victoria sobre una China devastada por la adicción. El *London Times* siempre toleró el comercio de opio y, tras el Tratado de Nanjing, escribió varios artículos condenando la guerra y el modo en que los soldados británicos se habían comportado con los lugareños y su cultura. El Partido Tory (Conservador), que ahora gobernaba el Parlamento británico, estaba formado por miembros anglicanos que seguían defendiendo el comercio del opio. El secretario de Estado de Asuntos Exteriores, lord Aberdeen, dijo que los contrabandistas británicos de opio no debían recibir ninguna protección si querían enfrentarse a las repercusiones por infringir la ley. Lord Pottinger estaba facultado para castigar el tráfico de drogas en Hong Kong, e hizo saber que cualquier ciudadano británico que fuera sorprendido contrabandeando opio por la China imperial no tendría apoyo ni protección británica.

Aun así, el comercio de opio siguió prosperando en China, ya que la demanda era muy alta. Algunos funcionarios británicos lo apoyaban e incluso lo fomentaban. El gobernador general de la India regañó al secretario de Asuntos Exteriores por su opinión sobre el comercio del opio. Creía que los ingresos que esta droga aportaba a Gran Bretaña eran demasiado grandes y no se debía interferir en ellos. Lord Aberdeen no tuvo ningún apoyo en sus esfuerzos por detener el comercio de opio, ni siquiera del primer ministro tory. Finalmente, fue intimidado para que se sometiera a la opinión general de que la exportación de la droga a China era vital para el bienestar de Gran Bretaña.

La controversia sobre el opio no terminó con la guerra. El primer ministro sir Robert Peel impulsó la legalización total del opio. Su portavoz, W. B. Baring, incluso se dirigió al Parlamento diciendo que el emperador chino no había hecho nada para detener el comercio de opio; por lo tanto, debía ser legalizado. Parece que olvidaron que Lin Zexu había prohibido con éxito el opio y detenido su tráfico mediante la confiscación de la droga. El comercio de opio se había detenido con éxito durante cuatro meses debido a los esfuerzos de Lin Zexu.

Para acabar con el debate sobre la rectitud de la guerra y el comercio de opio, sir Robert Peel declaró que el emperador chino estaba de acuerdo con la legalización del opio y la importación británica de la droga a China. Esto era una mentira, servía para cerrar el debate y nada más. Necesitaba evitar que el Parlamento se desmoronara, ya que los miembros no se ponían de acuerdo. Aunque solo fue temporal, el Parlamento fue silenciado en el tema de China, el opio y la guerra.

Sir Henry Pottinger fue recompensado por su servicio durante la primera guerra del Opio, se convirtió en el gobernador de Madrás y obtuvo una pensión de 1.500 libras al año. Aunque era plenipotenciario, no recibió el premio habitual por su exitoso servicio diplomático. En cuanto a sir Charles Elliot, fue castigado por no ocuparse del asunto del opio como le había ordenado lord

Palmerston. Fue nombrado gobernador de las problemáticas Bermudas, Trinidad y, finalmente, Santa Elena, donde se exilió a Napoleón.

En China, la ira del emperador por el humillante Tratado de Nanjing le hizo castigar a Yilibu, que fue enviado a vivir en el exilio, encadenado como un vulgar criminal. Qiying siguió gozando del favor del emperador, quien incluso perdonó a Lin Zexu, que fue llamado a servir como virrey de la provincia de Shaanxi-Gansu en 1845. Sin embargo, cinco años después, Lin murió mientras se dirigía a hacer frente a la Rebelión Taiping, que tuvo lugar en Guangxi.

Capítulo 6 - El periodo de entreguerras

*Una fotografía de dos culíes chinos
(https://en.wikipedia.org/wiki/Coolie#/media/File:CHINESE_COOLIES.jpg)*

Aunque el Tratado de Nanjing puso fin a la primera guerra del Opio, los conflictos entre China y Gran Bretaña continuaron. El Tratado de Nanjing nunca mencionó el opio, por lo que la droga siguió siendo oficialmente ilegal en China. Extraoficialmente, siguió siendo un gran negocio, y tanto Gran Bretaña como los funcionarios chinos corruptos prosperaron. Con el tiempo, el opio sería la chispa que encendería otra guerra. Pero el intervalo entre la primera y la segunda guerra del Opio duró catorce años, y fue lo que muchos historiadores denominan hoy una tregua armada. Los puertos recién abiertos en Shanghái y Amoy abrieron el interior de China al comercio del opio, ya que los contrabandistas comenzaron a utilizar el río Yangtzé. Junto con el río Perla, el Yangtzé se convirtió en una autopista para el comercio del opio.

Aunque los magnates de la industria textil británica soñaban con un mercado chino abierto para su algodón, nunca consiguieron apoderarse totalmente de China. China tenía su propia industria textil, capaz de sostener a toda la nación. El algodón inglés no logró introducirse en el mercado chino, ya que se consideraba inferior. Pero Gran Bretaña seguía siendo uno de los mayores consumidores de té y seda chinos, y el opio seguía siendo el único producto que Gran Bretaña podía vender en China. Y todavía no era suficiente para equilibrar el comercio. Mientras Gran Bretaña gastaba unos quince millones de dólares anuales en té y seda, China solo perdía siete millones de dólares en la compra de opio a las colonias británicas.

Pero la seda, el té y el opio no eran los únicos artículos comerciales que se intercambiaban entre el imperio asiático y el mundo occidental. Incluso antes de todo el lío del opio, China exportaba sus trabajadores, conocidos como culíes (argot para los trabajadores no cualificados), que trabajaban en las plantaciones de las colonias estadounidenses, peruanas, británicas, francesas y portuguesas. Los primeros culíes abandonaron China ya en 1806, con la esperanza de encontrar una vida mejor en Trinidad y Jamaica, de propiedad británica. Sin embargo, tras la primera guerra del Opio, la exportación de mano de obra se transformó en drogar y secuestrar a chinos de baja condición social y prácticamente venderlos como esclavos.

Mientras que la mitad de los culíes eran voluntarios a los que se les prometía una vida mejor en tierras extranjeras, la otra mitad eran personas secuestradas contra su voluntad. Tanto los voluntarios como los secuestrados fueron confinados en barracones muy pequeños donde no vivían en mejores condiciones que los cerdos. Incluso se les marcaba en el pecho o en la espalda con letras mayúsculas, como la P, la A o la S, en función de su destino: P de Perú, A de América (EE. UU.) o S de las islas Sandwich. Por eso el comercio de culíes fue bautizado como "Comercio de cerdos". Una vez que estaban listos para ser embarcados, los culíes-esclavos eran hacinados hasta 500 por barco. No tenían espacio para acostarse y tenían que pasar todo el viaje por el Pacífico de pie. Hasta el 40% de ellos moría durante el viaje, pero el "comercio de cerdos" seguía reportando suficientes beneficios a los esclavistas, ya que parece que la venta de solo el 60% de su carga merecía la pena. Los portugueses llegaron a declarar que el único negocio rentable de la época era el "Comercio de cerdos".

Los culíes no eran solo chinos. La práctica comenzó en la India, donde a los trabajadores no cualificados de las castas inferiores, especialmente la casta Kuli (que dio el nombre al término culí), se les prometían altos salarios en las colonias británicas de ultramar. La promesa era un engaño, pero los indios eran siempre voluntarios. No había secuestros ni capturas de indios, e incluso se les permitía llevar a sus mujeres y niños. Los culíes chinos, por el contrario, eran trabajadores masculinos el 99% de las veces, y eran engañados para convertirlos en esclavos o llevados contra su voluntad. Hubo algunos casos en los que las mujeres fueron secuestradas y vendidas a los propietarios de las plantaciones como esclavas sexuales, pero su demanda era baja. El contrato habitual que firmaban los culíes era de hasta cinco o siete años. Sin embargo, los trabajadores tenían que pagar el transporte en barco, y el precio era tan alto que, incluso después de terminar el contrato, tenían que seguir trabajando en las plantaciones para pagar sus deudas. Las condiciones en las plantaciones y en las minas de plata peruanas eran horribles. El setenta por ciento de los culíes moría antes de finalizar su contrato, mientras que el resto nunca conseguía reunir el dinero suficiente para pagar su deuda, y mucho menos para volver a casa. No existe ningún caso registrado de un culí chino que volviera a casa.

El comercio de esclavos se prohibió en 1807 en Gran Bretaña, pero esto no impidió que los comerciantes británicos se beneficiaran del "comercio de cerdos". Fueron los británicos los que inventaron el término "shanghaied" para describir la práctica de secuestrar o engañar a una persona para que se convierta en esclavo. Al fin y al cabo, los puertos británicos de China eran los principales centros de tráfico de personas. Shanghái y Amoy albergaban los barracones en los que se mantenía a los culíes antes de ser embarcados. Los representantes británicos en China no hicieron la vista gorda ante el comercio de los culíes-esclavos. En 1852, un funcionario británico en Cantón escribió al secretario de Asuntos Exteriores en Londres, lord Malmesbury, describiendo los horrores del tráfico de personas y comparándolo, con razón, con el que se daba en el continente africano.

Incluso los comerciantes de opio se mostraron sorprendidos y horrorizados por el "comercio de cerdos", y enviaron sus quejas al Parlamento. Fue lo único que consiguió unir al Parlamento británico y a la opinión pública. Gran Bretaña condenó oficialmente el secuestro y el comercio de culíes, a pesar de que muchos de sus ciudadanos participaban en él. En 1855, se aprobó la Ley de Pasajeros Chinos en los Estados Unidos de América, y Gran Bretaña se aseguró de que esta ley se siguiera en sus puertos chinos. No se trataba de una prohibición oficial del tráfico de personas, pero las condiciones del transporte humano por el Pacífico mejoraron considerablemente. La ley regulaba las condiciones de vida de los pasajeros, incluyendo el grado de hermeticidad de los habitáculos, la ventilación, la zona de cocina, los hospitales e incluso el diseño de las escotillas y las puertas.

El emperador Daoguang murió en 1850 y en su testamento pidió perdón al pueblo chino por haber aceptado el humillante Tratado de Nanjing. Le sucedió su cuarto hijo, conocido como el Emperador Xianfeng. Le importaba poco la política y pasaba la mayor parte del tiempo en la cama de su concubina, aturdido por el opio. Tras darle un hijo, esta concubina fue elevada a la posición de emperatriz, aunque el emperador Xianfeng ya estaba casado con una princesa manchú. Sin embargo, su amor por la concubina era tal que la nombró "emperatriz del Palacio Occidental", mientras que su esposa oficial era la "emperatriz del Palacio Oriental". Esta concubina fue la famosa emperatriz Cixi, que pronto ejerció una enorme influencia en la corte imperial. Tras la muerte del emperador Xianfeng, tuvo suficiente apoyo para dar un golpe de estado y derrocar al consejo de regencia. Junto con la emperatriz del Palacio del Este, gobernó China, primero como corregente de su hijo, y luego como emperatriz viuda una vez que su hijo tuvo edad suficiente para subir al trono. Gobernó hasta su muerte en 1908.

La propia Cixi era adicta al opio, pero se mantenía en dosis constantes para poder funcionar y ejercer el control del gobierno. Tuvo un papel fundamental en muchos de los acontecimientos que ocurrieron durante la segunda guerra del Opio, aunque, en ese momento, era solo una concubina. Al ser una mujer muy culta, algo inusual para una mujer china en aquella época, el emperador le permitió leer todos los manifiestos y documentos de la corte relativos a la política. Cixi se convirtió en una experta en los asuntos del gobierno, y como era la concubina favorita del emperador Xianfeng, tenía una enorme influencia sobre él.

Durante el reinado del emperador Xianfeng se produjo un drástico descenso en la calidad de la burocracia china. Las generaciones anteriores de gobernantes solo permitían a unos pocos de la clase alta pasar los rigurosos exámenes imperiales y convertirse en funcionarios del Estado. Pero la falta de plata en el tesoro real instó al emperador Xianfeng a vender los cargos gubernamentales a cualquiera que pudiera permitírselo. Cualquier persona de la clase media de la sociedad que tuviera 800 libras podía entrar en el servicio gubernamental incluso sin la educación necesaria. Esto abrió la burocracia china a una mayor corrupción e incompetencia.

Esta incompetencia se manifestó sobre todo durante la hambruna que se produjo en 1856, cuando el río Huang He (Amarillo) inundó y destruyó los campos de arroz, que alimentaban a la capital y a su provincia de Hebei. Como el gobierno no pudo atender a su pueblo durante la hambruna, naturalmente se produjo una rebelión. Esta rebelión, conocida como la Rebelión Taiping, había comenzado en 1851 en la provincia de Guangxi después de que los funcionarios chinos empezaran a perseguir a la Sociedad de Adoración de Dios, que fusionaba el cristianismo con el taoísmo, el confucianismo y el milenarismo. La rebelión acabó convirtiéndose en un movimiento antimanchú que pretendía acabar con la dinastía Qing. La Rebelión Taiping combinó los sentimientos religiosos, antigubernamentales y de hambruna del pueblo en una guerra civil, cuyo número de víctimas se estima entre veinte y treinta millones de personas. Sin embargo, paralelamente se libró la segunda guerra del Opio, y es imposible distinguir con certeza las víctimas de la guerra y de la rebelión. La Rebelión Taiping terminó en 1864, cuatro años después del final de la segunda guerra del Opio.

La dinastía Qing ya estaba debilitada por la primera guerra del Opio. Le siguió la hambruna, y el incompetente gobierno no sabía qué hacer ni cómo enfrentarse a la revuelta civil. El emperador permitió que pasara de ser una rebelión religiosa a una guerra civil nacional que afectó a todo el imperio. Este fue el preludio de la caída de la dinastía Qing, que nunca logró recuperarse. En menos de cincuenta años tras el fin de la rebelión, otra revolución conseguiría derribar la dinastía.

Capítulo 7 - Conflicto en el horizonte

Earl James Bruce Elgin por Felice Beato
*(https://en.wikipedia.org/wiki/James_Bruce,_8th_Earl_of_Elgin#/media/File:Felice_*
Beato_(British,_born_Italy_-_Portrait_of_Lord_Elgin,_
Plenipotentiary_and_Ambassador,_Who_Signed_the_Treaty_-
_Google_Art_Project.jpg)

El primer problema que desencadenó la segunda guerra del Opio se produjo en octubre de 1856 con el incidente del Arrow. Un barco británico llamado *Arrow* tenía un pasado problemático. Construido por los chinos como buque de carga, el *Arrow* fue capturado por piratas. Más tarde, fue recapturado por los chinos, que lo vendieron a un mercader que trabajaba para la Compañía británica de las Indias Orientales. El comerciante utilizó esta conexión para registrar el barco, haciéndolo oficialmente británico. Sin embargo, no consiguió depurar a la antigua tripulación, que incluía a dos piratas.

El día del incidente, su capitán de Belfast, Thomas Kennedy, dejó su puesto para visitar a un amigo, el capitán John Leach. Mientras Kennedy conversaba con Leach en otro barco, dos juncos imperiales se acercaron al *Arrow*, que estaba atracado en Cantón, y empezaron a detener a su tripulación, que era toda nativa de China. Una vez que Kennedy consiguió volver a su barco, los oficiales chinos se negaron a darle una explicación sobre las detenciones, pero le permitieron mantener a dos de sus tripulantes como una tripulación mínima. Kennedy estaba confundido. Para él, no había ninguna lógica en las acciones de los funcionarios chinos. El *Arrow* era un barco de carga que transportaba arroz, no opio, desde Macao. Fue más tarde cuando se enteró del pasado del barco como buque pirata. Los chinos afirmaron que creían que el barco estaba de nuevo al servicio de los piratas, ya que su registro británico había caducado.

Kennedy informó de la incautación de su tripulación a Harry Parkes, el cónsul británico en Cantón, que inmediatamente se quejó directamente a los funcionarios a bordo de los juncos imperiales. Exigió la liberación de los doce miembros de la tripulación del *Arrow* y citó el Tratado Suplementario de 1843, que exigía a los chinos pedir permiso al cónsul británico para detener a los ciudadanos chinos que servían en buques británicos. Los funcionarios imperiales siguieron negándose a liberar a la tripulación, alegando que al menos uno de sus miembros era un pirata y que necesitaban que el resto declarara su culpabilidad o inocencia. Parkes no dejó pasar el asunto. Fue tan exigente que uno de los funcionarios chinos le abofeteó.

Humillado, Parkes abandonó los juncos imperiales y escribió una carta a Ye Mingchen, comisario imperial de asuntos exteriores y virrey de las provincias de Guangxi y Guangdong. Pero Ye era conocido por su brutalidad, que utilizó para aplastar la Rebelión Taiping en sus dos provincias. (Solo en Cantón se ejecutaron más de 200 rebeldes y sus familias en más de una ocasión cuando Ye era gobernador de la ciudad). Ye respondió que podía aceptar la liberación de nueve tripulantes, pero que debía conservar a los otros tres, alegando que eran piratas. También le recordó a Parkes que el *Arrow* era propiedad china, ya que su registro británico había caducado, pero que, de buena voluntad, enviaría a los nueve tripulantes junto con la carta.

Tras consultar con el gobernador de Hong Kong, sir John Bowring, Parkes decidió no aceptar a los nueve tripulantes y, en cambio, quiso seguir con la cuestión del incidente del *Arrow*, ya que podría suponer otras ventajas diplomáticas para los británicos, como el permiso para comprar y poseer propiedades en Cantón fuera del barrio extranjero. Planeaba tomar represalias por el incidente apoderándose de uno de los juncos de guerra chinos implicados en la detención de la tripulación del *Arrow*. El 14 de octubre, el cañonero británico *Coramandel* abordó el barco chino y, tras apoderarse de él, lo remolcó hasta Whampoa. Sin embargo, Parkes no provocó a los chinos, ya que el barco que incautó era propiedad privada y no pertenecía al gobierno. Por lo tanto, Ye decidió ignorar el incidente. Como Parkes no agitó al funcionario chino, Bowring decidió escribir una carta a Ye, en la que amenazaba con que, si los doce prisioneros no eran liberados en las siguientes veinticuatro horas, los oficiales navales británicos tendrían que usar la fuerza para empujar a los chinos a la obediencia. También exigía una disculpa oficial del virrey.

Ye Mingchen recordó los horrores de la primera guerra del Opio, y sabía que los británicos tenían fama de cumplir sus amenazas.

Aceptó liberar a los prisioneros, pero como el honor era sagrado en la cultura china, se negó a disculparse. También declaró que, en el futuro, se pondría en contacto con el cónsul británico antes de que las autoridades chinas detuvieran a cualquier tripulante sospechoso a bordo de buques británicos. Sin embargo, pidió a Bowring que no expidiera el registro de Hong Kong a los buques chinos para evitar que se produjeran errores en el futuro.

Esta respuesta no fue suficiente para Parkes y Bowring, y lo vieron como una excusa para lanzar un ataque. El 23 de octubre de 1856, el almirante sir Michael Seymour recibió la orden de destruir los cuatro Fuertes de la Barrera, que estaban estacionados justo al sur de Cantón. Cinco defensores murieron en el ataque antes de tomar los fuertes, y se cuentan como las primeras bajas de la segunda guerra del Opio, también conocida como la guerra del Arrow.

A continuación, Parkes amenazó con destruir la residencia de Ye, que estaba cerca del agua en Cantón, si no permitía a los extranjeros residir fuera del barrio extranjero. Pero el gobierno chino defendió la existencia del barrio extranjero, diciendo que el confinamiento de los no chinos era para su protección. Alegaban que los chinos no estaban acostumbrados a que los extranjeros vivieran entre ellos y que se sentirían mal recibidos. En realidad, querían confinar a los extranjeros para que no extendieran su influencia sobre los ciudadanos chinos. Después de que Ye se negara a cumplir las exigencias de Parkes, el vapor británico *Encounter* bombardeó la residencia del virrey.

Lo único que consiguieron los británicos fue enfurecer al virrey Ye Mingchen, que pidió al pueblo chino que matara a cualquier extranjero que viera, fuera o dentro de la ciudad de Cantón. Incluso ofreció una recompensa por cada cabeza británica: cien dólares. El precio de Parkes fue de 30.000 dólares, mientras que el de otros británicos de alto rango fue de 5.000.

Al día siguiente, los británicos hicieron un agujero en la muralla de Cantón e invadieron la ciudad. Los cañones chinos de las murallas ni siquiera devolvieron el fuego. Aunque el conflicto se inició entre Gran Bretaña y China, el enviado estadounidense a Hong Kong, James Keenan, colocó las barras y estrellas en lo alto de la muralla de la ciudad, así como en la azotea de la residencia del virrey Ye. Hasta el momento, Estados Unidos había permanecido neutral, y las acciones de Keenan se consideraron fruto de su intoxicación.

Una vez que los británicos irrumpieron en la ciudad, atacaron la residencia del virrey. No había nadie para defenderla, y el funcionario chino huyó de la ciudad, dejándola a merced de los británicos. Sin embargo, el almirante Seymour no tenía suficientes hombres para mantener la ciudad, y tuvo que retirarse a la seguridad del campamento fuera de sus murallas. Ye Mingchen envió emisarios, encargados de negociar la paz con Parkes, pero el cónsul rechazó la paz. En su lugar, amenazó con que la fuerza naval británica ayudaría a los rebeldes Taiping. Sin embargo, era una amenaza vacía, ya que no tenía poder ni permiso para hacer tal cosa. Pero Seymour siguió bombardeando la ciudad, obligando a los residentes, tanto chinos como extranjeros, a abandonar Cantón temiendo por sus vidas.

Ye aceptó finalmente parlamentar con los británicos, pero seguía considerando que estaba por debajo de su honor reunirse con ellos en persona. En su lugar, envió a uno de sus subordinados. Cuando Bowring exigió un encuentro personal con Ye, el virrey de Cantón se mostró desafiante. Confirmó la recompensa por las cabezas de los británicos y pidió a su gente que cazara a los extranjeros y se los trajera, vivos o muertos. Seymour continuó el asedio de Cantón, que detuvo todo el comercio. Los comerciantes Cohong se enfrentaron a su perdición, y el 12 de noviembre solicitaron ver a Parkes. El cónsul, sin embargo, decidió que no había nada que hacer para ayudar al retorno del comercio, ya que los comerciantes Cohong no podían soportar las exigencias británicas de residir fuera del barrio extranjero.

Los rebeldes Taiping esperaban obtener el apoyo británico, ya que tenían un enemigo común: el emperador chino. Sin embargo, los británicos eran reacios a aliarse con los rebeldes, sobre todo por sus opiniones religiosas. Cuando la armada rebelde, compuesta por una quincena de barcos, intentó entrar en el puerto de Cantón y ofrecer su ayuda para tomar la ciudad, los británicos se negaron y los escoltaron. Sin embargo, Harry Parkes utilizó la oferta de ayuda de los Taiping para intimidar a Ye, diciendo que por el momento rechazaban a los rebeldes, pero que la decisión siempre podía cambiarse. Los británicos incluso rechazaron la oferta de unos 200 plebeyos chinos que se ofrecieron a luchar en el bando británico. Tenían miedo de la traición, y simplemente no podían confiar en ningún chino.

El 14 de diciembre, Ye ordenó la destrucción del barrio extranjero de Cantón, aunque negó estar implicado en absoluto. Una procesión de chinos, que llevaban antorchas, entró en el barrio extranjero y prendió fuego a todos los edificios. Lamentablemente, los extranjeros que decidieron regresar no pudieron apagar las llamas. Un ciudadano británico perdió la vida a causa del fuego, y el único edificio que quedó fue la capilla británica. Es posible que la recompensa del virrey por las cabezas de los británicos fuera la causa del incendio, así como de otros incidentes violentos ocurridos en la ciudad. Por ejemplo, la tripulación china del barco de vapor *Thistle*, que transportaba correo, se amotinó y mató a todos los pasajeros europeos. Luego incendiaron el barco y lo dejaron a la deriva hacia Cantón, con los cuerpos de las víctimas en las entrañas del barco. A todos les faltaban las cabezas, ya que los chinos las necesitaban para cobrar la recompensa.

Otro incidente ocurrió en Hong Kong. Allí, todos los extranjeros recibían el pan del mismo panadero. El 15 de enero de 1857, todos ellos enfermaron. Un examen de la situación llevó a los funcionarios británicos a creer que era el envenenamiento por arsénico el causante de la volátil enfermedad. Sin embargo, el culpable fue probablemente un incompetente, ya que utilizó demasiado veneno en la masa del pan. Esto provocó que las personas que lo comieron vomitaran el veneno. No hubo víctimas, pero la intención era clara, y los británicos culparon a la recompensa del virrey Ye por ello. No ayudó que entre las víctimas de este envenenamiento estuvieran Bowring, su mujer y sus hijos. El envenenamiento provocó la histeria y dio lugar a 500 detenciones. Los chinos fueron acusados de cualquier cosa, incluso de parecer sospechosos. Las falsas detenciones asustaron a la población nativa de Hong Kong, y más de la mitad de ella abandonó la ciudad portuaria. Nunca se encontró al verdadero culpable, ni siquiera entre los empleados de la panadería que participaban directamente en la elaboración del pan.

El incidente de *Arrow*, la masacre de *Thistle* y el envenenamiento con arsénico fueron suficientes para dar una razón para la acción militar, algo que Bowring deseaba. Envió una carta al gobernador general de la India para pedirle refuerzos, ya que Seymour solo tenía unos 200 hombres asediando Cantón. Esto no fue suficiente, ya que Seymour no tenía suficiente gente para invadir la ciudad; lo único que podía hacer era bombardearla desde la distancia. De vuelta a Londres, la ambición bélica de Bowring encontró apoyo, y el gobierno ordenó al gobernador general de la India que enviara un regimiento y más artillería. El secretario de Asuntos Exteriores, George Villiers, ordenó al almirante Seymour que tomara Cantón por todos los medios. También debía tomar el control del Gran Canal y cortar el suministro de arroz a Pekín. El plan era matar de hambre a la capital y obligar a China a someterse, ya que todos los esfuerzos anteriores de la diplomacia cayeron en los oídos del emperador. La Corona tenía ahora nuevas exigencias: una embajada británica en Pekín y más puertos abiertos a los comerciantes y barcos británicos.

Sin embargo, no todos en casa querían otra guerra con China. Se calcula que el Reino Unido perdió diez millones de libras en impuestos e ingresos en la primera guerra del Opio. La oposición conservadora denunció las acciones de Bowring y Parkes. Los llamaron acaparadores de tierras y usurpadores de un país independiente y soberano. También pensaban que el incidente de *Arrow* no era una razón suficiente para una nueva guerra. El líder del Partido Conservador argumentó que, dado que el *Arrow* no tenía registro británico, era oficialmente un barco chino y no debería haber sido protegido por los funcionarios británicos. También acusó a Bowring y Parkes de provocar intencionadamente al virrey chino Ye, que no era más que un caballero, cortés y respetuoso.

Aunque el conde de Derby tenía muchos partidarios en el Parlamento, no se tomó ninguna medida para detener la escalada del conflicto. Lord Palmerston era de nuevo primer ministro, y ya era conocido por su deseo de aumentar el comercio británico en el mercado chino y de legalizar la importación de opio. Vio la segunda guerra del Opio como una oportunidad para terminar finalmente lo que había empezado durante la guerra anterior. Para asegurar el apoyo a su causa, empezó a sobornar a varios funcionarios estatales. Incluso los críticos más ruidosos del comercio del opio fueron silenciados por los sobornos de Palmerston. Pero no solo utilizó el dinero para convencer a otros de que le apoyaran. También prometió altos cargos en el gobierno o en otros lugares a cambio de silencio o apoyo. Un ejemplo de ello es lord Shaftesbury, a quien prometió el control de la elección de nuevos obispos. Este nombramiento pondría una catedral y grandes cantidades de tierra bajo su control.

Cuando llegó el momento de votar sobre la reanudación de la guerra con China, el primer ministro Palmerston pronunció su discurso final. En él, declaró que cuando los chinos abordaron el *Arrow*, quitaron la Union Jack para reclamar el barco como chino. Parece que esto enfureció a los miembros del Parlamento más que cualquier otro acto del incidente, incluso más que la masacre del *Thistle*. Después de todo, el ataque a la bandera fue considerado como un ataque a la propia Gran Bretaña. Más adelante en su discurso, lord Palmerston habló del desequilibrio comercial con China y de cómo venderles opio era la única forma de compensar las pérdidas causadas por la importación de té y seda. Luego pasó a demonizar a Ye Mingchen, convirtiéndolo en un enemigo público de Gran Bretaña. Habló de cómo el bárbaro virrey de Cantón recurría a engaños, asesinatos y veneno para humillar al Reino Unido. Predijo que Ye ordenaría una masacre de todos los europeos en Cantón si el Parlamento británico no hacía nada.

El público votante de Gran Bretaña estaba inspirado por la reciente victoria en la guerra de Crimea, y el discurso que publicó lord Palmerston fue suficiente para empujarlos a apoyar al belicista Partido Whig. Aunque Palmerstone apoyó los esfuerzos de Bowring para incitar a la guerra en China, el gobernador de Hong Kong había formado una alianza con otros miembros del Parlamento, por lo que hubo que nombrar a otra persona para dirigir las nuevas negociaciones con el emperador. Para este cargo, se eligió a James Bruce. Era el octavo conde de Elgin y el duodécimo conde de Kincardine, y anteriormente había sido gobernador de Jamaica y de la Norteamérica británica.

Un día antes de su partida a China, James Bruce recibió órdenes del ministro de Asuntos Exteriores, lord Clarendon. No debía atacar y reclamar Cantón para los británicos, como insistían Bowring y Seymour. En su lugar, debía concentrarse en conseguir el permiso del emperador para establecer una embajada británica permanente en la corte imperial de Pekín. Su objetivo era abrir el camino a las negociaciones directas con la corte, en lugar de utilizar a los gobernadores provinciales como enlaces del emperador. Además de la embajada, los británicos también ordenaron a lord Elgin que exigiera la apertura de nuevos puertos a los comerciantes británicos y que presionara a los chinos para que cumplieran las disposiciones del Tratado de Nanjing. Solo debía utilizar la agresión militar como último recurso, e incluso entonces, debía limitar la lucha en el mar, donde los británicos eran superiores.

Una vez que Bruce desembarcó en Singapur, donde debía tomar otro barco hacia China, fue recibido con dos cartas en las que se le rogaba que enviara las tropas que debían acompañarle a la India, donde acababa de estallar el motín de los Sepoy (1857-1858). Como estas tropas eran refuerzos para el posible estallido de una guerra a gran escala en China, lord Elgin no se sintió lo suficientemente seguro como para continuar su viaje. En su lugar, decidió esperar en Singapur y experimentar de primera mano los efectos destructivos que el opio tenía en la gente. Recorrió los fumaderos de opio de Singapur, observando a los adictos y llegando a la conclusión de que la droga era maligna, ya que dejaba a sus consumidores estupefactos e inútiles.

El 2 de julio de 1857, lord Elgin llegó a Hong Kong, donde Seymour le presionó para que ordenara un ataque a Cantón. Como respaldo, Seymour hizo firmar una petición por ochenta y cinco comerciantes de opio que creían que, si los británicos tomaban Cantón, el emperador se vería obligado a darles entrada en nuevos puertos. El conde de Elgin tenía la impresión de que sus compatriotas estaban cegados por la sed de sangre y que solo una masacre total en Cantón les satisfaría. Sin embargo, como sus tropas seguían en la India, lord Elgin se negó a escuchar a Seymour y a los comerciantes de opio.

Sintiéndose inseguro sin el apoyo de sus tropas, lord Elgin decidió no esperar a su regreso sino ir personalmente a buscarlas a la India. Zarpó hacia Calcuta el 14 de julio, retrasando sus asuntos diplomáticos chinos. Allí quedó impactado por las atrocidades de la guerra y la capacidad de sus compañeros para torturar y matar a los indios, que les acusaban falsamente de conspirar con los rebeldes o de abusos sexuales. Mientras lord Elgin estaba en la India, lord Bowring se encargó de escribir al virrey Ye. Sin embargo, esto suponía una estricta violación de las órdenes que había recibido de Londres, según las cuales toda comunicación entre China y Gran Bretaña debía realizarse a través del plenipotenciario del conde lord

Elgin. Las relaciones de los dos funcionarios británicos se volvieron así tensas.

Un mes después de la llegada de lord Elgin, su homólogo francés, Jean-Baptiste Louis Gros, también conocido como barón Gros, desembarcó en China. Un año antes, el misionero francés Auguste Chapdelaine había sido detenido por incitar a la insurrección en China, y fue condenado a morir decapitado. Sin embargo, murió en la pequeña jaula de hierro en la que fue encerrado antes de la ejecución. No obstante, fue decapitado y su cabeza fue colgada en la rama de un árbol como advertencia para otros extranjeros. Francia estaba furiosa por el asesinato de su misionero y utilizó su muerte como excusa para unirse a Gran Bretaña en la segunda guerra del Opio. El barón Gros y el conde de Elgin no querían a Bowring, aunque cada uno tenía opiniones diferentes sobre cómo proceder. Mientras Gros quería un ataque inmediato a Pekín, lord Elgin quería agotar todas las posibilidades diplomáticas.

Sin embargo, el ministro de Asuntos Exteriores se puso del lado de Bowring, y en una carta a lord Elgin, ordenó un ataque a Cantón. Sin embargo, Gros seguía estando en contra, y había que convencerle, ya que los británicos necesitaban la ayuda de las tropas francesas. Elgin dejó esta tarea a Bowring, cuya persistencia resultó fructífera. El barón francés finalmente aceptó.

En noviembre de 1857, el ministro estadounidense William Reed llegó a China en el vapor *Minnesota*, que era tan enorme que, aunque tenía cincuenta cañones, era inútil en los ríos poco profundos de China. Sin embargo, consiguió asustar a las fuerzas chinas con su inmenso tamaño y potencia. Estados Unidos quería permanecer neutral en la segunda guerra del Opio, ya que tanto Reed como el presidente estadounidense James Buchanan despreciaban el comercio del opio. Las órdenes de Reed eran no involucrarse en los asuntos del comercio ilegal de drogas ni en la guerra contra la China imperial. Los estadounidenses esperaban ser mediadores entre los dos bandos enfrentados y llevar la paz a China y Gran Bretaña. Por eso, cuando el virrey Ye rechazó la audición de Re, el diplomático estadounidense decidió mantenerse al margen del conflicto.

En diciembre de 1857, las fuerzas francesas y británicas entraron en el puerto de Cantón. Lord Elgin y Gros enviaron por separado sendos ultimátums a Ye. Los franceses querían que se juzgara a los asesinos del misionero Auguste Chapdelaine, que se reparara la injusticia y que se les permitiera operar fuera del barrio extranjero de Cantón. Elgin decidió no mencionar el incidente de *Arrow* en su ultimátum. En su lugar, exigió al emperador el cumplimiento del Tratado de Nanjing, que había ignorado con éxito hasta ahora. El conde de Elgin tampoco olvidó exigir una embajada permanente en Pekín, ya que este era el principal interés de Londres. Con un diplomático que tuviera acceso directo a los funcionarios de la corte, con el tiempo, los británicos conseguirían presionar al emperador para que aceptara sus condiciones comerciales.

Pero tanto Gros como Elgin sabían que el virrey Ye no tenía poder para aceptar o rechazar sus ultimátums. También sabían que cualquier ultimátum enviado al emperador solo conseguiría enfurecerlo. En lugar de responder, Ye decidió intimidar a sus oponentes decapitando a 400 rebeldes Taiping y exhibiendo sus cabezas en las murallas de la ciudad. Como no tenía ni flota ni ejército que lo respaldara, Ye esperaba que la táctica de intimidación funcionara y que los franceses y británicos se retiraran. Pero su brutalidad le salió mal, ya que solo consiguió provocar a sus enemigos.

Capítulo 8 - Se reanuda el conflicto

Detención del virrey Ye Mingchen
(https://en.wikipedia.org/wiki/Second_Opium_War#/media/File:1858,_Canton_Co mmissioner_Yeh_Men.jpg)

Los dos funcionarios europeos, Gros y Elgin, apoyados por el almirante ruso Yevfimiy Putyatin, enviaron una última advertencia a Ye Mingchen, en la que decían que pospondrían el bombardeo de Cantón si accedía a sus demandas. Los rusos querían tener acceso directo al emperador, con quien querían negociar sobre la cesión de Manchuria. Cuando el emperador se negó incluso a admitirlos en su corte, decidieron ofrecer su ayuda a los británicos. Tenían dos días para responder a la última amenaza. Mientras esperaban, Gros y lord Elgin entregaron el mando al almirante Seymour y a su colega francés, el almirante Charles Rigault de Genouilly. Gros se retiró a un lugar seguro, pero el conde de Elgin decidió esperar una respuesta en el puerto de Cantón, ya que aún confiaba en poder resolver el problema de China por la vía diplomática.

Pero el virrey chino nunca se molestó en responder, ni siquiera después de que el plazo se prorrogara tres días más. El 27 de diciembre de 1857, al no recibir respuesta, comenzó el ataque a Cantón. Un equipo de reconocimiento fue enviado a tierra al amparo de la noche, y a la mañana siguiente, la flota combinada británica y francesa comenzó a bombardear la ciudad. Los disparos no cesaron durante más de un día, y en todo ese tiempo, los chinos solo respondieron con dos disparos. Durante las veinticuatro horas que duró el bombardeo, se calcula que la pérdida de vidas chinas fue de 200, mientras que las fuerzas británicas y francesas no tuvieron ninguna baja. El poderío de la flota aliada era tal que toda la ciudad de Cantón ardía.

En tierra, los 500 soldados de a pie, tanto franceses como británicos, comenzaron su avance a través de los arrozales en cuanto comenzó el bombardeo naval. En su camino hacia la ciudad, tuvieron que atravesar un cementerio de criminales. Los soldados chinos se escondieron detrás de las lápidas y abrieron fuego contra las tropas aliadas que pasaban. Desgraciadamente, solo disponían de flechas, llaves de mecha del siglo XVI y mosquetes del siglo XVIII llamados gingalls, que no servían de nada contra el armamento superior de los europeos. Para mostrar su desafío, los chinos ondearon banderas amarillas y rojas, los colores imperiales. Los soldados chinos se vieron pronto obligados a retirarse, y los europeos aliados tomaron su posición en el cementerio, utilizando las lápidas como cobertura.

En la mañana del 29 de diciembre, los soldados se sorprendieron al ver que el ejército chino se había retirado a la colina que domina la ciudad. Fue un error táctico. En la colina había un polvorín, que Ye estaba convencido de que el enemigo ocuparía primero. Sin embargo, una vez que Ye vació la ciudad, los británicos y los franceses fueron libres de escalar sus murallas sin que nadie se les opusiera. Dirigidos por el almirante Rigault, los franceses fueron los primeros en trepar las escaleras y atacar la ciudad. Había algunos defensores en las murallas de Cantón, pero no los suficientes para oponer resistencia. Los chinos intentaron bombardear a las fuerzas aliadas desde la cima de la colina, pero fue en vano. A las 10 de la mañana, las banderas francesas y británicas estaban izadas en lo alto de la pagoda dentro de las murallas de la ciudad.

El bombardeo naval de la ciudad se detuvo por un momento para permitir que las tropas de tierra invadieran la ciudad. Una vez que sus hombres estuvieron en una posición segura, el almirante Seymour ordenó un nuevo bombardeo de la ciudad desde el mar. Pero después de ver las murallas destruidas de Cantón, el conde de Elgin revocó esa orden. Estaba convencido de que no era necesario continuar, ya que no veía ningún beneficio táctico para el bombardeo. Las tropas francesas ya tenían treinta bajas, mientras que las británicas tenían cien. Sin embargo, los chinos fueron los que más sufrieron. Tenían más de 450 soldados muertos y un número desconocido de heridos. El virrey Ye había desaparecido, y su segundo al mando, Pihkwei, se distanció de las atrocidades causadas por la desastrosa política de su comandante.

El 1 de enero de 1858, Elgin decidió dar una vuelta por Cantón y evaluar por sí mismo los daños causados en la ciudad. Ya no quedaba resistencia en la ciudad, y tanto los soldados británicos como los franceses estaban saqueando todo lo que encontraban. Más del 90% de la población de Cantón había huido de la ciudad, dejando todas sus posesiones para que las tomaran. Lord Elgin trató de detener el saqueo, pero se vio sobrepasado. Los franceses no le hicieron caso y los soldados británicos siguieron el ejemplo de sus hermanos de armas. Los comerciantes Cohong suplicaron que se detuviera el saqueo, pero nadie les escuchó. A pesar de las súplicas de Elgin para evitar el saqueo de las casas, ordenó el saqueo del tesoro de la ciudad, ya que se consideraba un saqueo legal. Al fin y al cabo, la guerra tenía que pagarse sola. Confiscó cincuenta y dos cajas de plata y sesenta y ocho cajas de lingotes y taels de oro, cuyo valor equivalía a millones de dólares. El botín fue enviado a Calcuta como premio de reparación de guerra.

El 5 de enero, Henry Parkes dirigió un escuadrón de cien marines reales a la residencia de Ye con la esperanza de atrapar a su némesis. Incluso llevaba un pequeño cuadro del virrey para poder reconocerlo, ya que nunca lo había visto personalmente. Ye hizo que uno de sus subordinados lo imitara y tratara de engañar a los británicos, pero gracias al cuadro, su engaño fue descubierto. Ye fue atrapado mientras intentaba escalar el muro de su residencia. Fue arrestado y enviado al barco de vapor *Inflexible*, en el que sería enviado a Calcuta. Una vez que llegó a la India, Ye se negó a comer y murió de hambre. Sin embargo, en su palacio había algo más valioso que el propio virrey. Los británicos encontraron toda su correspondencia con la corte imperial en Pekín, por lo que ahora estaban al tanto de todos los pensamientos y planes del emperador.

Pih-kwei fue nombrado gobernador de Cantón por Gros y Elgin una vez que renunció a las acciones de Ye. Sin embargo, no debía tomar ninguna decisión sin consultar al triunvirato, compuesto por Parkes, el capitán Martineau y el coronel Holloway. Ellos tenían el poder de vetar todos los edictos de Pih-kwei, y todo el poder judicial estaba en sus manos. Los tres fueron elegidos porque eran las únicas personas de todo el ejército combinado británico y francés que hablaban chino. Había que superar la barrera del idioma si los europeos querían controlar a los cientos de miles de habitantes de la ciudad. Otro intento de asegurar la cooperación entre los europeos y los cantoneses fue la creación de una fuerza policial mixta, encargada de evitar los saqueos. Esto fue especialmente bienvenido por los comerciantes, que estaban deseosos de continuar el comercio dentro de las murallas de la ciudad.

En marzo de 1858, el conde de Elgin abandonó Cantón y navegó hacia la desembocadura del río Bei He con solo dos cañoneras británicas y dos francesas. Gros se le unió allí el 20 de abril, y cuatro días después, Seymour llevó dos barcos de guerra. Tan, el gobernador de la provincia de Chihli, recibió un mensaje conjunto enviado por los plenipotenciarios británico, francés y ruso. Era un intento de evitar la destrucción de Cantón mediante el uso de un enfoque diplomático. El mensaje pedía a Tan que enviara un ministro que pudiera negociar con los representantes europeos. El gobernador de Chihli utilizó la vieja táctica china de dar largas. En realidad, no tenía poder para negociar con los extranjeros. Sin embargo, transmitió las exigencias europeas al emperador, quien las rechazó todas inmediatamente. Tan no mencionó esta negativa a sus enemigos; en su lugar, optó por dilatar aún más las cosas prometiendo la apertura de nuevos puertos, así como el permiso para que los misioneros extranjeros difundieran el cristianismo.

Mientras esperaban en la desembocadura del río Bei He, los europeos recibieron la visita del archimandrita Paladio, un líder espiritual de la Iglesia Ortodoxa Rusa que contaba con el permiso del emperador para predicar a una pequeña comunidad en Pekín. En su camino hacia los barcos europeos, Paladio tomó notas describiendo la posición y la fuerza de todas las fuerzas chinas desde Pekín hasta su posición. También llevó más buenas noticias: Pekín estaba afectada por la hambruna, y el emperador Xianfeng estaba enfermo debido al consumo de opio. También estaba pensando en abandonar el país para no tener que lidiar con la rebelión, la guerra y la hambruna que golpeaban a su país. A finales de marzo, la flota combinada anglo-francesa constaba de veintiséis cañoneras, que estaban preparadas para atacar los fuertes de Dagu (Fuertes de Taku) que custodiaban la desembocadura del río. Los europeos estaban a menos de cien millas de la capital china. Podían sentir la proximidad de la victoria, pero los fuertes Dagu se interponían en su camino.

Los fuertes de Dagu eran un conjunto de cinco ciudadelas que defendían la entrada del río Bei He. Cada una estaba equipada con artillería muy antigua, y los defensores chinos eran conscientes de su debilidad. Para fortificar aún más las ciudadelas, realizaron la estoica labor de llevar miles de sacos de arena desde las orillas del río. Pero esto no sirvió de mucho. Los chinos estaban convencidos de que la alianza europea no se atrevería a entrar en el río poco profundo durante la marea baja. Pero el almirante Seymour estaba dispuesto a arriesgarse y ordenó un ataque sorpresa el 20 de mayo.

Previamente, los chinos habían configurado sus cañones para disparar como si la marea fuera alta, así que cuando la flota de la alianza empezó a entrar en el río, los defensores del fuerte Dagu fallaron todos. Los dos buques de guerra franceses, el *Mitraille* y el *Fusee*, junto con el *Cormorant* británico, dispararon contra los dos fuertes de la orilla izquierda del río. El *Nimrod* británico y los *Avalance* y *Dragonne* franceses bombardearon los tres fuertes de la orilla derecha. Los chinos perdieron un centenar de hombres, pero también consiguieron infligir algunas pérdidas a su enemigo. Cinco soldados británicos y seis franceses murieron a causa de los gingalas, mientras que otros sesenta y dos resultaron heridos.

Incluso antes de que las fuerzas de la alianza desembarcaran en las orillas del río Bei He, los defensores chinos entraron en pánico y comenzaron a desertar de sus puestos. Desesperado, el comandante manchú envió cincuenta barcazas incendiarias contra los barcos extranjeros, pero se estrellaron contra la orilla en el recodo del río, sin causar ningún daño al enemigo. El comandante de las fuerzas Dagu se suicidó en el Templo del Dios del Mar tras no poder defender lo que era suyo. El emperador, enfadado, desterró a Tan, el gobernador de Chihli, al exilio, condenando sus esfuerzos fallidos por defender los fuertes de Dagu.

En una procesión militar que parecía un desfile triunfal, Seymour y Rigault navegaron con su flotilla hacia Tianjin, una ciudad a solo treinta millas de Pekín. Pero el río era todavía poco profundo, y dos de los mayores barcos de la alianza tuvieron problemas para atravesarlo. El *Cormorant* y el *Fusee* encallaban a menudo. Los europeos se sorprendieron al ver que los lugareños estaban más que encantados de sacar los barcos de los bajíos con sus remolcadores. Incluso se negaron a cobrar, pero como la zona estaba en estado de hambruna, aceptaron de buen grado parte de las raciones del barco. Los lugareños estaban descontentos con la incapacidad de su gobernante para hacer frente a la hambruna, y consideraban a la flota extranjera como una fuerza de liberación. Una vez que la flotilla llegó a Tianjin, no encontró resistencia. Los desanimados defensores oyeron los rumores de que el emperador había sido derrocado, y simplemente se rindieron. Sin embargo, el emperador no fue derrocado; solo fue un rumor. Pero tras la pérdida de los fuertes de Dagu, el emperador Xianfeng estaba dispuesto a negociar.

Una comitiva de funcionarios de la corte llegó a Tianjin para impedir que la alianza llegara a Pekín. Se les encomendó la tarea de acoger a los extranjeros e iniciar la negociación. Un templo cercano, el de la Felicidad Suprema, se convirtió en alojamiento para los extranjeros, y los europeos no mostraron ningún respeto por la cultura china. En lugar de comportarse como invitados, vandalizaron el templo, convirtiéndolo en una bolera y lavando los altares sagrados. A pesar de ello, el emperador se tomó en serio su voluntad de lograr la paz, y envió a sus principales cortesanos y oficiales militares de alto rango: Guiliang (también conocido como Gui Liang) y el mongol Hua Shan. El 4 de junio de 1858, lord Elgin llegó al lugar de la reunión acompañado de cincuenta marinos como guardaespaldas.

Las negociaciones entre los europeos y los chinos duraron más de tres semanas. Los funcionarios chinos volvieron a emplear su táctica de dilación, pues temían enfadar a su emperador. Tenían el poder de aceptar todos los términos, pero aun así querían la aprobación imperial para evitar la ira del emperador. Las cláusulas del tratado recién redactado incluían el libre paso de extranjeros por toda China y embajadas permanentes británicas y francesas en Pekín. Estas fueron rechazadas inmediatamente por los funcionarios chinos, que afirmaron que, si aceptaban, perderían la vida. El barón Gros decidió que los franceses no necesitaban tanto la embajada como para seguir luchando por ella. Estaba dispuesto a aceptar las condiciones de paz si los funcionarios chinos aceptaban que el diplomático francés tuviera acceso a Pekín siempre que lo necesitara.

Finalmente, Guiliang y Hua Shan aceptaron los términos del Tratado de Tientsin (ahora conocido como Tratado de Tianjin), abriendo Tianjin, Nanjing y nueve puertos más a los extranjeros. Los británicos también obtuvieron cuatro millones de taels de plata (alrededor de 1.300.000 libras) como reparaciones de guerra, mientras que los franceses solo obtuvieron la mitad de esa suma. El derecho a abrir una embajada en Pekín se concedió a Gran Bretaña, Francia, Rusia y Estados Unidos, que permaneció neutral, aunque este resultaría ser el punto problemático del tratado.

A pesar de que el primer ministro británico ordenó a lord Elgin que obtuviera el permiso para vender opio en China, el conde de Elgin se negó incluso a plantear esta cuestión durante las negociaciones. Los estadounidenses sí recomendaron la legalización de la droga porque la consideraban un nuevo artículo comercial que podía ser gravado. También argumentaron que, si el impuesto sobre el opio en China era lo suficientemente alto, lo convertiría en una droga de la élite, reduciendo el número de personas adictas a ella.

Los chinos aceptaron la propuesta del ministro estadounidense Reed, y planearon aplicar un impuesto de sesenta taels por cofre. Pero los británicos necesitaban que ese impuesto fuera más bajo porque su negocio prosperaba debido al número de adictos. Querían bajar el impuesto a treinta taels por cofre, lo que lo haría más bajo que el impuesto ya existente sobre el té y la seda. Las compañías mercantiles apoyaron plenamente la postura británica al respecto, y presionaron con fuerza en el Parlamento para que pudieran conseguir el impuesto de treinta taels. Los franceses mostraron su pericia en el conocimiento de los hechos sobre el opio, pero no les importaba su comercio. Lo que querían de China era la legalización del comercio de culíes. Su tratado con China tenía una cláusula que, en efecto, legalizaba el secuestro y la servidumbre forzada de los chinos.

Rusia fue la primera en llegar a un acuerdo con China. Se conformaron con no tener una embajada permanente en Pekín porque su mayor interés, el intercambio de territorios en Siberia, fue aprobado por el emperador. Sin embargo, Gran Bretaña y Francia no pudieron acordar derechos de visita para sus embajadores, y sintieron que Rusia les había traicionado. Cinco días después, los estadounidenses, que se mantuvieron neutrales durante el conflicto, firmaron también un acuerdo. El suyo era el mismo que el de Rusia, pero con la cláusula de libertad religiosa definida con mayor precisión. Los misioneros estadounidenses eran libres de predicar el cristianismo en cualquier lugar de China. Tanto Rusia como Estados Unidos incluyeron la cláusula de nación más favorecida, que les daba el derecho de ajustar el tratado en un momento posterior, dependiendo de las concesiones que recibieran los otros países.

El tratado francés con China era casi idéntico a los estadounidenses y rusos, pero el barón Gros dudó en firmarlo, ya que no quería perjudicar las negociaciones de Elgin. Los británicos tenían dos cláusulas del tratado que querían incluir desesperadamente: una embajada permanente en Pekín y libertad para que sus ciudadanos pudieran viajar a cualquier lugar de China. Como no pudieron llegar a un acuerdo sobre estas cláusulas, las negociaciones se prolongaron durante dos semanas después de que Rusia y Estados Unidos ya hubieran firmado las suyas. Los comisionados chinos no podían aceptar estas cláusulas porque tenían órdenes estrictas del emperador de no hacerlo; si lo hacían, se enfrentarían a la ejecución. Finalmente, tras seis semanas de negociaciones, el tratado británico fue ratificado el 26 de junio de 1858. Una gran parte de China se abrió al comercio británico, y los misioneros cristianos podían predicar en cualquier lugar del país. En Shanghái se celebró una reunión de seguimiento para establecer los impuestos sobre las mercancías importadas. Los dos países llegaron a un acuerdo y fijaron el impuesto en un 5%. Entre los artículos gravados, además de la seda, la cerámica y el té, estaba el propio opio. Sin embargo, cuando el Tratado de Tianjin fue presentado al emperador Xianfeng, este se negó a firmarlo, ya que era demasiado humillante para China.

Capítulo 9 - El avance

Las ruinas de un fuerte de Dagu
(https://en.wikipedia.org/wiki/Felice_Beato#/media/File:Felice_Beato_(British,_born_Italy)_-_(Interior_of_the_Angle_of_Taku_North_Fort_Immediately_After_Its_Capture_by_Storm)_-_Google_Art_Project.jpg)

Mientras los británicos, franceses, estadounidenses y rusos celebraban sus tratados, el humillado emperador Xianfeng envió una misiva al virrey de Cantón, Huang Zonghan, con el encargo de incitar a una rebelión. En julio de 1858, los habitantes de la ciudad se levantaron en armas. Consiguieron hacerse con la artillería y bombardearon a los residentes británicos asentados en Whampoa. El 21 de julio, incluso asaltaron Cantón. Al recibir la noticia en Shanghái, lord Elgin y los demás funcionarios británicos que revisaban el Tratado de Tianjin exigieron a los comisarios chinos que llevaran a Huang ante la justicia.

Para demostrar el nuevo derecho de Gran Bretaña a viajar a cualquier parte de China, el conde de Elgin decidió recorrer el río Yangtzé durante los dos meses siguientes. Se embarcó en un barco de reconocimiento y fue seguido por dos cañoneros que le sirvieron de protección. El hecho de que los rebeldes Taiping, que se habían instalado en Nanjing, dispararan contra su comitiva durante el recorrido demostró su acierto al llevar las cañoneras defensivas. Enfadado por el hecho de que se ignorara el Tratado de Tianjin tan poco tiempo después de su firma en Shanghái, Elgin ordenó a sus hombres que bombardearan la ciudad rebelde durante noventa minutos. Lord Elgin planeaba entrar en Pekín al final de su gira y presentar la carta de la reina Victoria al emperador en persona, pero el desarrollo de las hostilidades en Cantón le hizo dar marcha atrás.

En febrero de 1859, las guerrillas chinas tendieron una emboscada y masacraron a 700 marinos británicos estacionados en el campo cerca de Cantón. En respuesta, las tropas británicas estacionadas en Cantón, que eran unas 3.000, marcharon sobre el campamento guerrillero de Shektsing y lo arrasaron. Pronto, el emperador ordenó la retirada de Huang y la dispersión de las fuerzas guerrilleras.

Lord Elgin abandonó China en marzo de 1859, reuniéndose en Sri Lanka con su hermano, Frederick Bruce, que acababa de ser nombrado primer embajador de China. El título debería haber pertenecido al propio lord Elgin, ya que sus esfuerzos propiciaron el Tratado de Tianjin y la legalización de facto del opio. Sin embargo, estaba cansado del Lejano Oriente, y declinó la oferta cuando se le propuso en una fecha anterior. Frederick Bruce no carecía de credenciales, y no se le asignó el puesto de embajador solo por ser hermano de lord Elgin. Había sido gobernador de Terranova y, desde 1844, secretario colonial en Hong Kong. Este cargo en Hong Kong le proporcionó una experiencia muy necesaria con la cultura, las costumbres y las excentricidades chinas.

Llegó a la desembocadura del río Bei He el 18 de junio de 1859 con dieciséis barcos de guerra, que tenían la misión de hacer que el emperador chino cumpliera el Tratado de Tianjin. Bruce también estaba acompañado por el embajador estadounidense John E. Ward, que fue con un solo barco de vapor, el *Powhatan*. El representante francés Anton de Bourbelon se presentó con dos barcos, pero toda su flota estaba estacionada en aguas indochinas cercanas.

El emperador Xianfeng estaba obstinado en no permitir que los extranjeros entraran en Pekín, y sugirió ratificar el Tratado de Tianjin en Shanghái, pero los tres representantes rechazaron esta oferta. Para impedir que las potencias extranjeras entraran en la capital, se inició la construcción de tres gruesos muros de bambú. Bruce esperaba evitar otro conflicto y escribió a Pekín pidiendo a los funcionarios imperiales que retiraran el bloqueo. Como la respuesta no llegó, ordenó la destrucción de los muros. El primero fue fácil de atravesar, pero el segundo y el tercero resultaron más resistentes. Mientras las fuerzas británicas estaban atascadas, los chinos repararon la primera al amparo de la noche. Al día siguiente, cuando Bruce ordenó otro ataque a las murallas, los chinos apostados en la orilla del río atacaron con sus cuarenta cañones fijos. Esta vez tuvieron más suerte en la puntería, y nueve marinos británicos perdieron la vida.

Las defensas chinas lograron inutilizar cinco de los cañones enemigos. Los estadounidenses neutrales se unieron a la batalla cuando supieron que los británicos estaban en apuros. El comodoro Josiah Tattnall, de la flota estadounidense, se apresuró a acudir al rescate, con su barco, el *Toeywhan*, arrastrando a otro barco que llevaba 200 soldados estadounidenses. Los comandantes británicos y franceses desembarcaron sus tropas frente a uno de los fuertes de Dagu, que fueron devueltos a los chinos durante las negociaciones de Tianjin. Pero las tropas europeas se atascaron en el barro, y los chinos no tuvieron problemas para dispararles con sus primitivos gingalls de corto alcance. Las fuerzas británicas y francesas tuvieron que retirarse a la seguridad de sus barcos.

Por primera vez durante las guerras del Opio, las fuerzas aliadas sufrieron un número inusualmente alto de bajas: 500 muertos y al menos otros tantos heridos. Una de las cañoneras, la *Kestrel*, fue destruida y se hundió en el fondo del río, mientras que otras tres quedaron inutilizadas. Bruce se dio cuenta de que insistir en el ataque a los fuertes de Dagu, sin los refuerzos adecuados, sería fatal para sus tropas. Los británicos, los franceses y los estadounidenses se vieron totalmente sorprendidos por esta repentina competencia china. Para salvar las apariencias, Bruce escribió a Londres, culpando a los rusos de aliarse con los chinos. Incluso afirmó que testigos presenciales vieron sombreros de piel rusos al mando de las tropas chinas en las murallas de los fuertes. Para excusar su primera derrota durante las guerras del Opio, lord Palmerston aceptó la explicación de Bruce. Pero la verdad era que no había rusos involucrados en las defensas chinas. La defensa fue comandada únicamente por el príncipe Senggelinqin, un noble mongol que advirtió al emperador que no debía ser demasiado optimista porque esta era solo una victoria en una serie de derrotas.

De vuelta a Gran Bretaña, la noticia de la derrota en los fuertes de Dagu hizo aflorar al público sediento de sangre. Los periódicos pedían venganza y exageraban el número de bajas británicas. Lord Palmerston apoyó la idea de Bruce de que los rusos estaban implicados en la defensa de los fuertes, pero no pudo decidir cuál debía ser su siguiente movimiento. Atacar Pekín era una opción, pero la tarea era de inmensa magnitud, y exigiría un enorme número de fuerzas británicas. Las bajas seguramente serían aún mayores. Otra opción era cortar el suministro de alimentos del Gran Canal a Pekín o la ocupación de la provincia de Chusan. Esto último tendría que hacerse junto con los franceses, y esta era una alianza que Palmerston quería evitar. Pero la prensa siguió pidiendo represalias. El *London Times* escribió que, dado que China no respetaba el Tratado de Tianjin, los británicos, con o sin los franceses, debían dar una lección a los paganos. Del mismo modo, el *Daily Telegraph* exigía venganza por los soldados británicos caídos.

El único que se mantuvo fiel a su convicción de que la guerra era mala para Gran Bretaña fue el Ministro de Hacienda, William Ewart Gladstone. Argumentó que la guerra era demasiado costosa y que la economía británica sufriría si el conflicto continuaba. En la reunión del Gabinete del 17 de septiembre de 1859, Gladstone se opuso al llamamiento de la prensa a la venganza, afirmando que la tarea de Bruce debía ser presionar a China para que respetara el Tratado de Tianjin, no para que siguiera la guerra. Lord Elgin estuvo presente en la reunión, ya que ahora ocupaba el cargo de director general de correos. No estaba de acuerdo con la intención de su hermano de invadir Pekín, pero prefirió guardar silencio durante la reunión. Sin embargo, estaba convencido de que tenía la solución al problema de China, y debía expresarlo. Lord Elgin escribió un memorando al Gabinete, en el que proponía bloquear el río Bei He en lugar del Gran Canal. Esto tendría el mismo efecto, ya que el arroz no podría llegar a la capital. El río Bei He era una posición mejor, ya que las fuerzas británicas no tendrían que arriesgarse y entrar en combate a lo largo del Yangtzé. Lord Elgin esperaba someter a la dinastía manchú por hambre, pero no derrocarla para que los rebeldes Taiping, adoradores de Dios, tomaran el poder.

Pero Elgin se equivocó en una cosa. El río Bei He solo se utilizaba para el transporte de arroz. La capital podría seguir alimentando a su población con maíz o judías, que abundaban en el norte de China. El arroz era un alimento básico solo en el sur, y es muy poco probable que el emperador echara de menos una guarnición en su plato. Sin embargo, ninguno de los miembros del Gabinete conocía bien China, así que aceptaron la propuesta de lord Elgin. El mensaje fue enviado a Bruce para exigirle una disculpa por las pérdidas británicas en los fuertes de Dagu, reparaciones por la guerra en una cantidad no especificada y el respeto al Tratado de Tianjin. Debía dar un plazo de treinta días para que los funcionarios chinos aceptaran los términos, y si se negaban, debía seguir el plan de su hermano y bloquear el río Bei He. La carta llegó a Bruce en enero de 1860, pero el plan de Elgin tenía otro problema. El bloqueo del río sería inútil en ese momento, ya que los barcos no zarparían hacia Pekín hasta la primavera. Bruce fue lo suficientemente inteligente como para retrasar la demanda hasta marzo, pero el emperador chino la rechazó de todos modos.

Parece que la opinión pública británica, que había pedido con tanta vehemencia una represalia sanguinaria contra los chinos, se cansó en la primavera de 1860. Las bajas de los fuertes de Dagu eran ya noticias viejas, y no había interés en los esfuerzos diplomáticos entre Gran Bretaña y China. Incluso los debates en el Parlamento sobre la cuestión de China se celebraron de forma desastrosa. Los comerciantes cuyos negocios dependían del opio querían que el conflicto con China terminara, ya que solo conseguía alienar a sus socios comerciales, los comerciantes Cohong.

El fracaso de Frederick Bruce para conseguir algo en China no supuso su reemplazo. Sin embargo, fue degradado, ya que el nuevo emisario británico de mayor rango en China estaba en camino. No era otro que su hermano, el conde de Elgin. En abril de 1860, lord Elgin recibió la orden de ponerse al frente de las negociaciones con China. Si lo consideraba oportuno, tenía permiso para continuar con la guerra. Sus órdenes eran exigir las reparaciones por la guerra, la disculpa por la pérdida en los fuertes de Dagu, y el cumplimiento de Pekín con el Tratado de Tianjin. Sin embargo, Gran Bretaña estaba dispuesta a no continuar con la cuestión de una embajada permanente en la corte imperial. Lord Elgin solo debía reintroducir este asunto si las negociaciones iban bien.

El barón Gros también fue llamado a servir en China, y Elgin se alegró de reencontrarse con su viejo amigo. Los británicos enviaron un número impresionante de tropas con él. Combinado con los franceses, era una fuerza militar a tener en cuenta. Sin embargo, las relaciones entre las dos naciones no estaban en su mejor momento. En Francia, Napoleón III, sobrino de Napoleón I Bonaparte, estaba en el poder. Su expansión del imperio desató muchos rumores en Gran Bretaña, y uno de ellos era que planeaba invadir la península de Kowloon, al norte de Hong Kong. Para evitarlo, Harry Parkes recibió la orden de negociar un arrendamiento permanente de esta zona con el virrey chino. El canon anual por el arrendamiento de Kowloon se fijó en 500 taels de plata (160 libras). La conclusión pacífica del acuerdo de Kowloon se alcanzó el 18 de marzo de 1860, y fue un acontecimiento paradójico, teniendo en cuenta que en ese momento los británicos estaban planeando una invasión de Pekín.

Los chinos eran optimistas y pensaban que los fuertes de Dagu volverían a detener el avance británico sobre Pekín. Su entusiasmo no disminuyó cuando supieron que los británicos tenían una brigada china entre su ejército. Eran culíes de Hong Kong que se ofrecieron como voluntarios para luchar del lado de los extranjeros. Por su traición, se les pagaba una elevada cantidad de nueve dólares al mes, y demostraron merecer la inversión. Eran una brigada versátil, deseosa de luchar contra sus propios compatriotas. Los culíes solían proceder de lo más bajo de la sociedad china, por lo que servir a los extranjeros era su forma de devolver a la China imperial todos los malos tratos que habían tenido que soportar. Sin embargo, los británicos no se sentían cómodos sirviendo junto a los chinos, y tenían miedo de armarlos con rifles. En cambio, les dieron bastones de bambú como armas. Los defensores chinos, armados con lleves de mecha antiguas, parecían muy superiores a los atacantes culíes. Aun así, los oficiales británicos consideraron que los culíes eran una de las mejores brigadas de la segunda guerra del Opio.

El primer objetivo del renovado ejército anglo-francés fue la isla de Chusan. Se envió un ejército de 2.000 británicos y 500 franceses para tomar la isla, lo que les daría el control del río Yangtzé. Afortunadamente para los europeos, no encontraron resistencia. Los habitantes de Chusan se rindieron sin luchar. Lo mismo ocurrió a cincuenta millas al norte. Shanghái recibió a los aliados sin luchar, ya que sus defensores estaban luchando contra los rebeldes Taiping en Fuzhou. Los funcionarios chinos de Shanghái esperaban que los europeos les ayudaran contra los rebeldes, aunque planeaban invadir China. Esto era una clara señal de que los líderes provinciales se estaban quedando solos para luchar contra los rebeldes, ya que el emperador era incapaz de sofocar la rebelión que hacía estragos en todo el país. Las fuerzas aliadas prometieron que defenderían Shanghái si los rebeldes Taiping decidían invadirla, pero no enviarían sus tropas contra los rebeldes innecesariamente. Para mostrar su buena voluntad, los marinos británicos patrullaron las aguas que rodeaban la ciudad, mientras que los franceses vigilaban sus puertas. La antigua artillería china de las murallas fue sustituida por modernos cañones británicos.

Los hermanos Bruce se reunieron en Shanghái, donde comenzó la planificación del futuro curso de la guerra. En julio, 150 barcos británicos, bajo el mando del general sir James Hope Grant, desembarcaron en Beitang, cerca de los fuertes de Dagu. Pronto se les unieron los franceses, al mando del general Charles Cousin-Montauban. Tardaron cinco días en descargar todas las tropas y equipos de los más de 200 barcos. El fuerte de Beitang estaba vacío y no había nadie para disparar a los invasores. Una vez que entraron en las murallas del fuerte, los europeos descubrieron por qué estaba desierto. Los cañones colocados como medida defensiva eran réplicas de madera diseñadas para asustar a los atacantes. La ciudad albergaba a unas 20.000 personas, que recibieron a los aliados como liberadores, e incluso estaban dispuestos a mostrar dónde habían enterrado minas los defensores chinos. Sin embargo, su bienvenida fue retribuida con el saqueo de sus casas y la violación de sus mujeres. Sin ningún lugar al que ir, las mujeres de Beitang optaron por envenenarse o incluso ahogarse en lugar de soportar las agresiones sexuales de los soldados británicos y franceses.

Los primeros en cargar con la culpa fueron los culíes que servían en el ejército aliado. El general Grant los acusó de ser adictos al opio que no podían controlarse. Pero las atrocidades cometidas en Beitang fueron culpa de todas las naciones. Los soldados sijs, británicos y franceses no demostraron ser mejores que sus voluntarios chinos. Para restaurar la disciplina, los oficiales británicos ordenaron la flagelación de treinta soldados. El resto cumplió para evitar un destino similar.

El 3 de agosto de 1860, las fuerzas aliadas se dirigieron hacia Tianjin, donde la caballería del príncipe Senggelinqin les bloqueó el paso. A pesar de que los chinos estaban armados solo con flechas, lanzas y pedernales del siglo XVIII, los aliados no tenían caballería que les hiciera frente, y tuvieron que retirarse. El príncipe mongol envió cartas a Pekín, proclamando una gran victoria contra los invasores europeos, pero los británicos no se quedaron de brazos cruzados. El general Grant se propuso reunir una caballería, y lo consiguió en menos de diez días. Se les dio caballos a 800 soldados y se les ordenó atacar a los chinos por la espalda, mientras que la fuerza principal del ejército aliado dirigiría el ataque de frente. Los británicos disponían de tres nuevos cañones Armstrong, cuyas explosiones fueron suficientes para dispersar a la caballería china. Sin embargo, el príncipe Senggelinqin tenía un fuerte control sobre sus hombres. El resto de la caballería continuó acercándose al ejército principal del invasor, enfrentándose a los cañones que seguían haciéndoles estallar. Finalmente, fueron detenidos a unas 450 yardas, y los europeos tuvieron que admirar la valentía suicida de los chinos. Fueron los cañones de los sijs los que finalmente hicieron huir a la caballería china hacia la seguridad de los fuertes de Dagu. La caballería sij quiso perseguir al enemigo que huía, pero el barro impidió que sus caballos corrieran, y los cansados soldados tuvieron que rendirse.

Al acercarse a los fuertes de Dagu, el general británico Hope Grant y el general francés Cousin-Montauban discreparon sobre cómo debían proceder. Mientras que Cousin-Montauban quería atacar los cuatro fuertes a la vez, el jefe militar británico tenía el plan de seleccionarlos y derribarlos uno a uno. El desacuerdo se resolvió cuando surgió la oportunidad de tomar la aldea de Danggu. Esta aldea estaba en una posición perfecta, ya que les permitiría seleccionar y neutralizar primero el fuerte del norte. Lord Elgin acompañaba a las fuerzas aliadas, y estaba ansioso por observar el ataque que se avecinaba desde lo alto del templo, situado en el centro de la aldea. Sin embargo, Grant le salvó la vida al darse cuenta de que el templo estaba a tiro de las murallas del fuerte.

El ataque comenzó el 21 de agosto después de que los cañones británicos y franceses empezaran a bombardear el fuerte norte de Dagu. Estaban proporcionando cobertura a los hombres y caballos que arrastraban los cañones Armstrong y otra artillería a menos de 600 pies de la muralla del fuerte, donde serían más efectivos. Los defensores chinos fueron rápidamente neutralizados, no teniendo nada más que gingalls y llaves de mecha para luchar contra los invasores. Alrededor de las 6 de la mañana, una afortunada bala británica consiguió alcanzar un almacén de pólvora dentro del fuerte. La enorme explosión fue un momento decisivo en la batalla, ya que durante la siguiente media hora, los chinos no pudieron devolver el fuego. Esta ventana de tiempo fue suficiente para que las tropas francesas escalaran las murallas. Con una carga de bayonetas en lo alto de los muros del fuerte, los franceses despacharon fácilmente al resto de los defensores. Los cañones británicos consiguieron abrir un agujero en la muralla, y los soldados entraron a raudales, acabando con los chinos que huían. Aunque parecía que la victoria fue fácil, las bajas en las filas británicas y francesas fueron inusualmente altas, llegando a más de 400 muertos o heridos. Sin embargo, los chinos perdieron casi 2.000 hombres en la tercera batalla de los fuertes de Dagu (también conocidos como fuertes de Taku). En el fuerte quedaron más de 9.000 supervivientes, que se rindieron al general francés Collineau. Al no saber qué hacer con tantos prisioneros de guerra, decidió liberarlos.

El efecto psicológico de la caída del fuerte sobre los líderes militares chinos resultó ser beneficioso para los aliados. En lugar de continuar la lucha, los comandantes chinos propusieron abrir el camino para que la flota extranjera entrara en Tianjin, donde podrían reunirse con los enviados del emperador y continuar las negociaciones. Sin embargo, los británicos no podían aceptar otro inútil debate en Tianjin. En cambio, estaban decididos a llegar a Pekín. Tras una serie de amenazas, los tres fuertes Dagu restantes se rindieron sin una sola gota de sangre. Se abrió el camino hacia Tianjin, y el 23 de agosto, los invasores entraron en la ciudad, que se rindió inmediatamente, ya que no quedaban defensores.

En Tianjin, lord Elgin y el barón Gros discutieron su estrategia. Inspirados por su anterior victoria y la rendición de la ciudad, plantearon una nueva serie de exigencias para el emperador. Querían una disculpa formal por la derrota de las fuerzas británicas y francesas en los fuertes de Dagu en 1859. También exigían el doble de dinero de reparación y la confirmación del Tratado de Tianjin. También querían el control permanente de Tianjin, lo que permitiría a las fuerzas aliadas crear una hambruna artificial siempre que lo necesitaran para mantener al emperador chino bajo control. Sin embargo, ni Elgin ni Gros mencionaron una embajada permanente en Pekín. Temían que esta fuera la exigencia que enfureciera al emperador Xianfeng y le llevara a rechazar todas las demás exigencias.

Estas condiciones provocaron el pánico en Pekín y, una vez más, Guiliang fue enviado a dirigir las negociaciones. Sin embargo, se sintió tan intimidado por las exigencias que recurrió a la dilación. Esta vez, la táctica china benefició a Elgin y a Gros, ya que les dio tiempo para reunir sus fuerzas fuera de Tianjin y preparar la marcha sobre Pekín.

Capítulo 10 - El incendio del palacio y la diplomacia

Uno de los edificios del complejo del Palacio de Verano antes de ser incendiado
(https://en.wikipedia.org/wiki/Felice_Beato#/media/File:Belvedere_of_the_God_of _Literature,_Summer_Palace,_Beijing,_6%E2%80%9318_October,_1860.jpg)

Lord Elgin no tardó en persuadir al barón Gros para que se uniera a él y a las tropas en su marcha hacia la capital de China. Gros quería quedarse en la seguridad de Tianjin, pero una vez que vio el miedo en los ojos del diplomático chino, decidió estar presente cuando Pekín fuera tomada. De camino a la capital, los líderes europeos recibieron numerosas cartas de la corte imperial. En ellas, varios funcionarios de la corte les rogaban que detuvieran su avance y les explicaban la confusión de Guiliang. El emperador aceptaría todas las condiciones si se abstenían de entrar en la ciudad sagrada. Pero Elgin se negó a detenerse y dijo que se reuniría con los funcionarios reales en los suburbios pequineses de Tongxian. Los chinos le rogaron que se reuniera con ellos a medio camino entre Tianjin y Pekín, en la ciudad de Hesewu. A Gros le gustó la idea, pero Elgin se negó rotundamente.

Al final, el ejército aliado tuvo que detenerse en Hesewu porque era casi imposible suministrar alimentos a los hombres. Lord Elgin hacía avanzar a sus soldados a tal ritmo que los carros de racionamiento no podían seguir su ritmo. Pero Elgin no podía permitir un retraso. En su lugar, envió a Parkes a Tongxian para que se reuniera con Cai y Muyin, los oficiales manchúes. Cai era el primo del emperador, y Muyin era el presidente de la Junta de Guerra. Sus altos cargos sirvieron para demostrar que el emperador se tomaba en serio la situación y estaba dispuesto a negociar sin más demoras. La reunión duró ocho horas, pero Parkes consiguió convencer a ambos funcionarios de que aceptaran todas las condiciones europeas.

En Pekín, el emperador Xianfeng no se decidía si debía luchar o huir. Incluso el comandante del Ejército Imperial, el príncipe Senggelinqin, le aconsejó que no era momento para el valor y que el emperador debía pensar primero en su seguridad. Instó al emperador de Xianfeng a que abandonara la capital y se dirigiera al norte, donde estaban los campos de caza imperiales. Allí, el gobernante podría disfrutar del deporte de pasatiempo mientras esperaba que sus representantes se encargaran de la invasión. Algunos historiadores especulan que Senggelinqin quería usurpar el trono en ausencia del emperador, pero la mayoría coincide en que el general no quería que el emperador fuera tomado como rehén, ya que eso les pondría en una situación imposible. La única persona de la corte real que demostró valentía fue la consorte imperial Cixi. Ella aconsejó al emperador Xianfeng que permaneciera en Pekín y dirigiera a su pueblo. Animado por la valentía de su consorte favorita, el emperador Xianfeng se propuso cabalgar al frente de un enorme ejército e intimidar a los europeos. Después de esta demostración de valor, partiría hacia su campo de caza en Rehe.

En Tongxian, Cai y Muyin aprobaron el campamento de las fuerzas aliadas. Incluso permitieron que Elgin y Gros entraran en Pekín con una comitiva de 2.000 soldados. Sin embargo, los funcionarios chinos se negaron a entregar la carta de la reina Victoria al emperador Xianfeng. Sin embargo, cuando regresaba para consultar con Elgin y Gros, Parkes se dio cuenta de que la caballería manchú se estaba reuniendo donde el ejército aliado debía acampar en Tongxian. Envió a un mensajero de vuelta a Tianjin con la noticia de la concentración del ejército chino, mientras se volvía para enfrentarse a Cai y Muyin. Sin embargo, en su lugar, Parkes era esperado por el príncipe Senggelinqin, quien inmediatamente lo hizo arrestar.

El general Grant temía que un ataque a los chinos le costara la vida a Parkes. Sin embargo, fue presionado por los franceses, a quienes no les importaba un diplomático británico, y así, se lanzó un ataque el 18 de septiembre de 1860. El ejército aliado contaba con unos 3.500 hombres, que se enfrentaron a unos 20.000 soldados manchúes.

Se hizo un último intento de diplomacia antes de que comenzara la batalla. Acompañado de una escolta a caballo, Thomas Wade, diplomático e intérprete, fue enviado a pedir al príncipe mongol que liberara a Parkes. Sin embargo, Parkes ya estaba sufriendo por una cuestión centenaria entre los británicos y los chinos. Tras negarse a doblegarse ante el príncipe Senggelinqin, el despiadado manchú le golpeó la cabeza contra el suelo de mármol varias veces. En su desafío, Parkes fue el último europeo que se inclinó ante los oficiales chinos durante las guerras del Opio, aunque fuera involuntariamente. Tras negarse a escribir a sus superiores, Elgin y Gros, Parkes fue encarcelado.

Tras una semana de torturas, Parkes fue trasladado a una celda individual con condiciones de vida mucho mejores. Le trataron mejor y las torturas diarias cesaron. Ni siquiera le pedían que se inclinara ante los funcionarios cuando iban a interrogarle. Pronto se dio cuenta de que esto era porque le necesitaban. Era una señal de que la guerra no iba bien para los chinos, y querían que interviniera y escribiera a lord Elgin para detener el ataque a Pekín. Aceptó, pero solo con la condición de que él y sus compañeros fueran liberados de la prisión. En sus cartas a Elgin, Parkes se negó a hacer ninguna petición. El 6 de octubre, él y los demás prisioneros de guerra fueron liberados unos días antes de que llegara la orden de ejecución por parte del emperador Xianfeng.

Las fuerzas aliadas se reunieron en las afueras de Tongxian. La caballería del príncipe Senggelinqin contaba con 20.000 hombres, pero como antes, esta no era una batalla en la que los números importaran: era una batalla en la que reinaban las armas y las tácticas más modernas. Los chinos utilizaban principalmente arcos y flechas, y solo tenían un puñado de mosquetes antiguos. Además de sus armas, sus tácticas también eran medievales. El príncipe Senggelinqin confiaba en atrapar al enemigo y entrar a matar. Sin embargo, tendría que extender su ejército para rodear a los europeos, lo que expondría a sus hombres y permitiría al enemigo penetrar fácilmente en la trampa.

Mientras los soldados manchúes se extendían, preparándose para rodear a su enemigo, los aliados aprovecharon la oportunidad y atacaron su punto más débil. La caballería sij, dirigida por el general Cousin-Montauban, atacó el flanco izquierdo de las tropas chinas, mientras que la infantería francesa asaltó el campamento chino. Casi sin esfuerzo, los sijs penetraron en las filas chinas y provocaron el pánico. El uso de los cañones Armstrong por parte de la infantería francesa provocó una conmoción en la que la caballería mongola se dispersó. Los sijs persiguieron a los chinos en retirada y los masacraron con sus bayonetas. Casi 1.500 manchúes murieron ese día, mientras que los aliados solo perdieron 35 hombres.

Tongxian cayó el 21 de septiembre tras una corta batalla a bayonetas. Las tropas francesas aseguraron el puente de Baliqiao, que cruzaba el canal que dividía esta ciudad de Pekín. Ahora bajo una amenaza real de invasión, los chinos advirtieron que ejecutarían a los prisioneros si el ataque continuaba. Pero Cousin-Montauban siguió atacando, ignorando las amenazas. Los defensores chinos saltaron al canal, temiendo por sus vidas. Una vez más, las bajas demostraron la superioridad de las tropas europeas. Mientras que los chinos perdieron 2.000 hombres, las tropas francesas solo tuvieron tres bajas.

El general Grant tuvo una victoria un poco más difícil que su homólogo francés. Desgraciadamente, confundió la caballería mongola en la distancia con las tropas francesas, y no ordenó el ataque. Los mongoles pensaron que los británicos eran cobardes y atacaron. Cuando los británicos se dieron cuenta de que era el enemigo el que se acercaba a ellos, comenzaron a disparar con los mortíferos cañones Armstrong, dispersando a la caballería mongola. La suerte estuvo con los británicos, ya que no sufrieron bajas.

Tras la caída de Tongxian, el príncipe Senggelinqin entró en pánico y huyó de la capital, llevándose los restos del ejército imperial. Acampó fuera de la muralla del noroeste de la ciudad, pero no supuso ninguna amenaza real para los aliados. Al tomar los dos puentes que conducían a Pekín, el camino hacia la capital quedó completamente abierto para los europeos. La única defensa de Pekín eran los soldados con armas antiguas en lo alto de las gruesas murallas. Grant temía que la artillería de los aliados no fuera suficiente para romper los muros de la ciudad, especialmente si los ciudadanos de Pekín se unían a la lucha. El ataque se detuvo hasta que llegaron los cañones de asedio pesados de Tianjin.

Mientras tanto, lord Elgin quiso intentar negociar una vez más. Esta vez, tuvo que tratar con alguien de la cúpula de la administración imperial: el príncipe Gong. Era el hermano menor del emperador Xianfeng, y demostró ser más capaz. Cuando lord Elgin le pidió que liberara a los prisioneros de guerra para avanzar en las negociaciones, el príncipe Gong respondió que solo los liberaría cuando los aliados se retiraran de Pekín. También dijo que los prisioneros serían ejecutados en la plaza pública en el momento en que Pekín fuera asaltada.

Los cañones de asedio necesarios para volar las murallas de la capital llegaron el 5 de octubre. El emperador Xianfeng ya había abandonado la ciudad, junto con la mayor parte del ejército real. El príncipe Gong quedó para defender Pekín con solo una fracción del Ejército Imperial. Los primeros disparos resonaron en la madrugada del 7 de octubre de 1860. Un día antes, las tropas francesas y británicas marcharon alrededor de la ciudad desde lados opuestos, reuniéndose en el Palacio de Verano, que estaba justo fuera de las murallas. Los franceses llegaron primero al lugar de encuentro y se sorprendieron al darse cuenta de que estaba abandonado. No había nadie esperando para defender la propiedad del emperador, excepto 500 eunucos que se lanzaron valientemente al ataque. Pero no eran soldados y no tenían armas. Después de que los soldados franceses mataran a veinte de ellos, el resto huyó.

Llamarlo Palacio de Verano es un eufemismo, ya que era un complejo de 200 edificios e incluía un vasto parque salpicado de varias tiendas, pabellones y lagos. El complejo escondía muchos tesoros, y fue una suerte que los franceses llegaran primero, ya que estaban más interesados en el saqueo que en el vandalismo, como los soldados británicos. El Palacio de Verano servía como almacén de los tributos recibidos por los emperadores chinos durante siglos. El complejo también albergaba una vasta biblioteca que estaba a punto de perderse para siempre. Los franceses se dieron cuenta del tesoro que tenían en su poder y empezaron a desmontarlo con mucho cuidado y a guardarlo para transportarlo. Pero la codicia se impuso y pronto abandonaron la conservación de los objetos y edificios y se dedicaron a destrozar y demoler los muros del palacio para hacerse con todo lo que pudieran antes de que llegaran los británicos. El saqueo fue de tal intensidad que Cousin-Montauban se vio más tarde cuestionado por una comisión especial francesa que investigó los daños causados por el saqueo. Incluso el famoso escritor Víctor Hugo condenó al comandante francés por no impedir que sus soldados saquearan y destruyeran el Palacio de Verano.

Los británicos llegaron al Palacio de Verano en la tarde del 7 de octubre de 1860. Grant declaró más tarde que cuando sus tropas llegaron, el palacio ya había sido despojado de sus objetos más preciados. Se burló de la incapacidad de Cousin-Montauban para controlar a sus soldados, pero en realidad, Grant tampoco pudo evitar que las tropas británicas saquearan y destrozaran el palacio. Fueron los oficiales británicos los que empezaron a destruir el palacio, disparando a espejos antiguos de incalculable valor. Cuando lord Elgin llegó por fin, quedó impactado por la destrucción. Muchos objetos, cuyo valor nunca se conocerá, se perdieron por la agresividad de los soldados franceses y británicos.

Cuando Harry Parkes fue liberado el 8 de octubre, lord Elgin se sintió aliviado. Parece que no le importaba el destino de los otros cuarenta prisioneros de guerra que seguían en manos chinas, ya que a la mañana siguiente ordenó un ataque a gran escala contra Pekín. Se cavaron trincheras frente a la puerta de An Tung, donde se llevó la artillería. Los aliados amenazaron con bombardear la ciudad si no se abría la puerta. Elgin dio tiempo a los chinos para consultar con el emperador lejano, y el plazo se fijó en el 24 de octubre. Cuando se cumplió el plazo, Elgin se preparó para bombardear la ciudad, pero la puerta se abrió de par en par, dejando entrar a los invasores sin disparar un solo tiro. Al frente de 500 hombres, Elgin entró en Pekín como un conquistador.

Mientras esperaba la respuesta del emperador, los chinos liberaron a un soldado francés y a dos sijs. Estaban en tan mal estado que el soldado sij murió al día siguiente. En los días siguientes, los chinos liberarían a más prisioneros en pequeñas cantidades. La mayoría de ellos ya estaban muertos, por lo que los ataúdes que contenían sus cuerpos fueron entregados a los aliados. Estos hombres habían sido obligados a arrodillarse, con las manos atadas, durante días sin comida ni agua y expuestos a los elementos. La gangrena y las infecciones acabaron con la vida de muchos prisioneros británicos y franceses, que perecieron con un dolor insoportable. Enfurecidos, Elgin y Gros exigieron una retribución por sus compañeros perdidos. Mientras el barón francés se conformaba con una compensación monetaria, el conde británico necesitaba un acto de venganza sanguinaria. Sin embargo, accedió a que no se derramara más sangre, y se conformó con ordenar el incendio del Palacio de Verano, que tuvo lugar el 18 de octubre de 1860. Fue un castigo que dañó el honor del emperador chino pero que preservó vidas.

Aunque las acciones de Elgin fueron celebradas por el público británico, ya que ahora era el héroe de guerra que humillaba al emperador extranjero sin derramar sangre, la reina Victoria condenó la quema del Palacio de Verano. La quema de una residencia real le afectaba mucho, y creía que Elgin no debía ser alabado por este vandalismo cultural. Sin embargo, durante el siglo siguiente, el conde de Elgin sería celebrado por la victoria sobre los chinos en la segunda guerra del Opio. El Palacio de Verano fue restaurado por la emperatriz viuda Cixi entre 1884 y 1895 para celebrar su sexagésimo cumpleaños. El Palacio de Verano, un monumento paisajístico que combina la belleza natural con el diseño artificial, se convirtió en patrimonio mundial de la UNESCO en 1998 y hoy está abierto al público.

Una vez que entró triunfalmente en la capital, el general Grant aconsejó a Elgin que no se quedara en Pekín, ya que se acercaba el invierno. Grant estaba en contra de pasar el invierno en la ciudad porque las fuerzas guerrilleras chinas podrían fácilmente matar de hambre a la capital cortando su conexión con los suministros de alimentos en todo el país. El acuerdo de paz debía alcanzarse rápidamente para que el ejército aliado pudiera retirarse a la seguridad de Tianjin. Cousin-Montauban estuvo de acuerdo con su amigo británico, y también le recordó a Elgin que el príncipe Senggelinqin seguía estacionado fuera de las murallas de la ciudad, amenazando el éxito de la negociación. Pero el emperador Xianfeng cortó toda correspondencia con sus administradores manchúes en Pekín, y la tarea de salvar Pekín recayó únicamente en el príncipe Gong.

El 24 de octubre, lord Elgin se reunió con el príncipe Gong para firmar la Convención de Pekín. Tras enterarse por los chinos de que era objetivo de asesinato, Elgin se presentó en la reunión con 500 soldados, que no estaban allí solo como sus guardaespaldas, sino que también servían para mostrar su poder. No se olvidó de insultar al príncipe, que había perdido la ciudad sin luchar. Elgin también acudió con ocho mozos, un número reservado, según la tradición china, solo para el emperador. Al príncipe Gong, según su rango, le seguían solo seis mozos. Aunque se sintieron humillados, los funcionarios chinos no pudieron oponerse. El príncipe Gong firmó el tratado, y un fotógrafo italiano fue llevado para preservar la escena para la historia. Los retratos del conde Elgin y el príncipe Gong capturados por el signor Felice Beato, uno de los primeros fotógrafos de guerra del mundo, lamentablemente no sobrevivieron a la destrucción del tiempo.

Los europeos se limitaron a entregar al príncipe Gong los documentos para que los firmara, ya que decidieron no escuchar las negociaciones. El documento británico incluía la disculpa oficial del emperador por la agresión con diez millones de dólares como reparación a Gran Bretaña. Al embajador británico se le permitiría la residencia permanente en Pekín. Además, se cedía a los británicos el territorio al otro lado de Hong Kong, que se conocía como Kowloon. Tianjin se añadió a la lista de puertos que se abrirían a los barcos mercantes extranjeros, y se estableció la libertad de religión en China, permitiendo a los misioneros extranjeros predicar el cristianismo en todo el país. Se permitió a los barcos británicos entrar en el comercio de culíes y llevar a los chinos cautivos a las costas de América. Y finalmente, la causa de la guerra —el opio— se legalizó en China. Aunque se sintió humillado, el príncipe Gong firmó el documento e invitó a los conquistadores británicos a un banquete, pero lord Elgin declinó por miedo a ser envenenado.

La firma de la versión francesa de la convención tuvo lugar un día después, y el barón Gros se abstuvo de insultar a su anfitrión imperial. En cambio, regaló al príncipe Gong una colección de monedas francesas y fotos firmadas de Napoleón III y su esposa, la emperatriz Eugenia. Aunque los franceses no tuvieron nada que ver con el incendio del Palacio de Verano, el barón Gros tuvo la gentileza de disculparse por el suceso. A diferencia de Elgin, Gros aceptó la oferta de banquete del príncipe Gong, y nadie fue envenenado.

El conde de Elgin permaneció en Shanghái hasta enero de 1861, tras lo cual regresó a Gran Bretaña, sin volver a pisar suelo chino. En Inglaterra fue un héroe y al año siguiente fue recompensado con un ascenso a virrey de la India. Sin embargo, solo permaneció en ese cargo menos de dos años, ya que murió de un aneurisma en noviembre de 1864. El emperador Xianfeng murió solo un año después de firmar la Convención de Pekín. Fue humillado hasta el punto de que decidió no volver nunca a la capital. En su lugar, permaneció en Rehe, donde se entregó al destructivo opio hasta su muerte. La reina Victoria recibió un regalo procedente de las ruinas del Palacio de Verano. Un capitán encontró un perrito vagando por las ruinas y, al regresar a Londres, decidió regalárselo a la reina. El perro era pequinés y ella lo llamó Looty (saqueador), un nombre bastante desagradable.

Tras la segunda guerra del Opio, la emperatriz Cixi organizó un esfuerzo de modernización, conocido como Movimiento de Autofortalecimiento. Sin embargo, siguió siendo una de las líderes más obstinadas y tradicionales de China. Este país fue asolado por otra revolución, y parece que después de que las potencias occidentales sometieran a la corte imperial, la dinastía Qing no pudo recuperarse. La debilidad del imperio era evidente, y solo pasarían cincuenta y dos años hasta que el último emperador de China, Puyi, abdicara y dejara el país en manos del Partido Comunista Chino.

En cuanto a la droga en sí, pronto se convirtió en el equivalente al dinero. Los comerciantes lo encontraban útil, ya que podían comprar otros productos utilizando el opio en lugar de la plata. El valor del opio pronto cayó tanto que su valor se estimó en cobre. La amapola, de la que se deriva esta droga, se puede cultivar en todas partes. Prospera en cualquier suelo y en todas las condiciones climáticas. Los agricultores chinos empezaron a sustituir sus imprevisibles cosechas de arroz y maíz por las de amapola, a pesar de que la dinastía Qing continuaba con sus esfuerzos de supresión del opio. Los virreyes de las provincias solían ignorar los edictos imperiales que prohibían el cultivo de la amapola para poder enriquecerse con los sobornos. También eran reacios a enfadar a los campesinos, cuya única fuente de ingresos tras una cosecha de arroz especialmente mala eran sus cultivos de amapola.

Gran Bretaña se oponía a la producción de opio dentro de China, ya que eso significaba que la demanda de opio indio disminuiría. La presión británica hizo que la dinastía Qing enviara comisionados especiales a las provincias que cultivaban amapola para supervisar la destrucción de los campos. Sin embargo, incluso estos comisionados pronto se hicieron dependientes de los sobornos del opio, y a menudo hacían la vista gorda ante su producción. El último esfuerzo de la dinastía Qing por suprimir el opio se produjo en 1901, pero para entonces, incluso los británicos habían abandonado el comercio de la droga. Los cultivadores y comerciantes nacionales les expulsaron del mercado. Gran Bretaña firmó un tratado en 1907 en el que se comprometía a dejar de importar opio a China, mientras que el emperador prometía erradicar la producción nacional. Sin embargo, una vez que el gobierno chino cayó en 1911, los cultivadores y comerciantes volvieron a su lucrativo negocio del opio. En 1933, personas de todos los niveles sociales volvían a ser adictas al opio y, en 1940, el gobierno vendía activamente la droga a las provincias habitadas por los japoneses.

Fue el gobierno de Mao (1943-1976) el que suprimió el opio con éxito. Durante la década de 1950, el despiadado Partido Comunista de China ejecutó a todos los traficantes de opio que atrapó y destruyó todos los campos de producción de opio, que fueron replantados con cultivos alimentarios. Alrededor de 10.000 adictos se vieron obligados a abandonar sus hábitos de opio, de los que se habían vuelto tan dependientes, y muchos murieron en el proceso. Sin embargo, el opio nunca abandonó del todo China. En 2003, había un millón de consumidores registrados, pero las cifras actuales son desconocidas.

Conclusión

El emperador Xianfeng y la emperatriz Dowager Cixi son la primera pareja imperial conocida adicta al opio. Aunque Cixi, gracias a una voluntad de hierro, consiguió controlar su adicción consumiendo lo justo para aguantar el día, su marido no pudo lograrlo. Murió por exceso de consumo, pero no se conservan detalles que describan sus últimas horas. La adicción al opio continuó también en el siglo siguiente, y se mantuvo dentro de la familia imperial. La última emperatriz de la China imperial, la emperatriz Wanrong, es quizá la imagen perfecta de una adicta al opio.

La emperatriz Wanrong empezó a consumir opio en pequeñas dosis, como relajante, durante sus interminables días de cautiverio en la Ciudad Prohibida. Como emperatriz, no se le permitía salir de los muros del palacio. A medida que su adicción crecía, su comportamiento cambiaba. Ignorada por su marido, buscó la compasión y el amor de otras personas que la rodeaban. Se entregó a muchas aventuras, de las que nació una hija. Sin embargo, la niña fue intencionadamente asesinada nada más nacer, ya que era una princesa ilegítima. Nada podía consolar a la emperatriz excepto el opio. Comenzó a consumir más y más droga para poder olvidar su destino en un aturdimiento de opio. Cuando la guerrilla comunista la encarceló como colaboradora de los japoneses, Wanrong estaba medio loca. En la cárcel, sufriendo el síndrome de abstinencia, a menudo alucinaba y creía que seguía siendo una emperatriz en la Ciudad Prohibida. Daba órdenes a sirvientes imaginarios y tocaba un órgano imaginario. No duró mucho en prisión. La emperatriz Wanrong murió avergonzada, desnuda, en un charco de sus propios fluidos corporales.

Muchos chinos compartieron el mismo destino que la última emperatriz. El opio estaba al alcance de todas las clases sociales, y si no morían por abstinencia, la gente moría por sobredosis o simplemente era torturada y asesinada por los miembros del Partido Comunista. Desde su introducción, los gobernantes chinos intentaron prohibir el comercio del opio y su consumo. Incluso después de la segunda guerra del Opio, cuando se legalizó, continuó el esfuerzo por suprimir su uso. Varios funcionarios imperiales intentaron aumentar los impuestos sobre el opio, creyendo que los precios altos harían que la gente dejara de comprarlo. Sin embargo, Gran Bretaña era un enemigo demasiado poderoso y China temía las represalias. Se escribieron muchas cartas al primer ministro británico y a la familia real, en las que el emperador chino preguntaba por qué Gran Bretaña seguía insistiendo en vender veneno a otros. Nunca recibieron una respuesta, aunque era muy sencilla. El dinero era demasiado bueno.

Cuando Gran Bretaña dejó de mostrar interés en vender opio a China, no fue porque sus políticos encontraran de repente una nueva moralidad. Fue sencillamente porque la producción nacional de la droga se disparó, dejando fuera de juego a los importadores extranjeros.

La adicción generalizada al opio terminó oficialmente en China en 1960. Su producción continuó, pero solo en cantidades suficientes para satisfacer el uso medicinal. China tardó más de 150 años en librarse de la plaga que le impusieron las potencias extranjeras. Irónicamente, el comunista Mao y sus seguidores utilizaron los mismos métodos que el emperador Daoguang y el famoso Lin Zexu, que instigaron la primera guerra del Opio. Pero esta vez no hubo británicos que se rebelaran.

Vea más libros escritos por Captivating History

Referencias

Grasso, J. (2015). Modernization and Revolution in China. doi:10.4324/9781315702339

Hanes, W. T., & Sanello, F. (2007). The Opium Wars: The Addiction of One Empire and the Corruption of Another. Naperville, IL: Sourcebooks.

Kent, S. K. (2017). A New History of Britain since 1688: Four Nations and an Empire. New York: Oxford University Press.

Newsinger, J. (1997). Britain's Opium Wars. *Monthly Review, 49*(5), 35. doi:10.14452/mr-049-05-1997-09_5

Reist, K. (2011). Opium Wars (1839-1842, 1856-1860). *The Encyclopedia of War.* doi:10.1002/9781444338232.wbeow463

Sanello, F., & Hanes, W. T. (2002). *Opium Wars: The Politics and Economics of Addiction.* Naperville, IL: Sourcebooks.

www.ingramcontent.com/pod-product-compliance
Lightning Source LLC
LaVergne TN
LVHW041644060526
838200LV00040B/1710